Lust auf Land

Aufläufe und Überbackenes

CHRISTIAN

Inhalt

Vorwort

Frisch aus dem Ofen, verlockend knusprig und heiß – Aufläufe und Überbackenes duften nicht nur wunderbar, sie sind immer ein köstliches Highlight für die ganze Familie. Je nach Geschmack kann fast alles seinen Weg in einen Auflauf finden: Ob man lieber nur Gemüse mag oder das Ganze mit Fleisch, Wurst oder Fisch aufpeppt – überbacken lassen sich die kreativsten Mischungen. Und dabei müssen nicht nur Reste ihren Weg in den Ofen finden. Reis, Nudeln, Knödel und Kartoffeln bilden oft die Grundlage, während Käse oder eine cremige Sauce zu einer knusprigen Kruste werden.

Meist ist die Zubereitung simpel, weshalb viele Aufläufe wie zum Beispiel der Gemüseauflauf mit Schinken ideal sind, wenn nicht viel Zeit bleibt. Der Ofen macht die meiste Arbeit ganz allein. Leichtere Aufläufe wie der Wirsing-Kartoffel-Auflauf eignen sich wunderbar als Beilage, zum Beispiel zum Sonntagsbraten. Und bei besonderen Anlässen kann ein Auflauf gut auch mal den gesamten Abend bestreiten: Verwöhnen Sie Ihre Gäste mit einem Lammhackauflauf mit Kartoffelhaube oder einer Lachslasagne mit Spinat.

Gratins kommen mit weniger Zutaten aus als Aufläufe, haben aber genauso viel Geschmack. Sie sind die klassischen Beilagen. Ob ein cremiges Kartoffelgratin, ein Muschelgratin oder ein Steinpilzgratin – vielfältig, raffiniert und äußerst geschmackvoll sind sie die perfekten Begleiter.

Locker und luftig zergehen Soufflés auf der Zunge. Das besondere Aroma des Karotten-Gewürz-Soufflés oder der kräftige Geschmack des Kartoffel-Speck-Soufflés kommen so wunderbar zur Geltung. Natürlich gibt es diesen luftigen Genuss auch als süße Variante. Servieren Sie zum Nachtisch ein zartschmelzendes Erdbeersoufflé oder ein Schokoladensoufflé mit Birne.

Süße Köstlichkeiten aus dem Ofen gibt es in zahlreichen Varianten. Klassiker wie der Scheiterhaufen oder die Salzburger Nockerln sind süße Hauptspeisen, ein Früchtestreusel mit frischen Beeren und Sahne macht sich wunderbar als Dessert.

Warmes aus dem Ofen schmeichelt nicht nur dem Gaumen, sondern auch der Seele – und das nicht nur zur kalten Jahreszeit! Mit Aufläufen und Überbackenem ist man absolut flexibel und liegt garantiert immer richtig.

Wir wünschen Ihnen viel Freude beim Nachkochen!

Auflauf

Gemüseauflauf
mit Schinken

2 Zucchini

1 Kohlrabi

2 Karotten

Salz

frisch gemahlener Pfeffer

250 g Langkornreis

6 Eier

200 ml Milch

200 ml Sahne
(mindestens 30 % Fett)

150 g Gouda

100 g Emmentaler

150 g roher Schinken

Butter (für die Form)

3 EL Schnittlauchröllchen
(zum Garnieren)

ZUBEREITUNGSZEIT: 30 MINUTEN
GAR- UND BACKZEIT: 40 MINUTEN

1 Den Backofen auf 200 °C (Ober- und Unterhitze) vorheizen.

2 Die Zucchini putzen und waschen. Den Kohlrabi sowie die Karotten putzen und schälen. Das Gemüse in feine Streifen schneiden oder raspeln, anschließend mit Salz und Pfeffer würzen.

3 Den Reis in kochendem Salzwasser in 10 Minuten bissfest garen. Er soll noch nicht ganz weich sein, da er im Ofen nachgart.

4 Die Eier mit der Milch und der Sahne verrühren. Die Eimischung mit Salz und Pfeffer würzen. Den Gouda und den Emmentaler reiben. Den Schinken in Würfel schneiden.

5 Eine Auflaufform mit Butter einfetten. Den Reis, die Hälfte vom Käse und die Schinkenwürfel in die Form geben. Die Eiersahne darübergießen. Anschließend nochmals alles mit Salz und Pfeffer würzen und gut vermischen.

6 Die Gemüsestreifen unter die Reismasse mengen und den restlichen Käse darüberstreuen. Den Auflauf im Ofen etwa 30 Minuten backen.

7 Den Gemüseauflauf aus dem Ofen nehmen und mit Schnittlauchröllchen bestreut servieren.

TIPP

Reiben Sie den Käse für Ihren Auflauf frisch. Frischer Käse entwickelt mehr Aroma als abgepackter geriebener Käse.

Kartoffellasagne
mit Pfifferlingen

ZUTATEN FÜR 4 PERSONEN

1 kg vorwiegend festkochende Kartoffeln

1–2 Zwiebeln · 50 g Speck

Butterschmalz (zum Braten und für die Form)

500 g gemischtes Hackfleisch

800 g geschälte Tomaten (aus der Dose)

Salz · frisch gemahlener Pfeffer

edelsüßes Paprikapulver · getrocknetes Basilikum

250 g frische Pfifferlinge · 5–7 frische Tomaten

50 g Butter · 50 g Mehl · 250 ml Milch

250 ml Fleischbrühe · frisch geriebene Muskatnuss

Butter (für die Form)

200 g Käse (z. B. Tilsiter, Bergkäse), frisch gerieben

Basilikumblätter (zum Garnieren)

ZUBEREITUNGSZEIT: 35 MINUTEN
GAR- UND BACKZEIT: 1 STUNDE

1 Die Kartoffeln in kochendem Wasser gar kochen.

2 In der Zwischenzeit die Zwiebeln schälen und mit dem Speck würfeln. In einer großen Pfanne etwas Schmalz erhitzen und beides darin anbraten. Das Hackfleisch dazugeben und gut durchbraten.

3 Anschließend die Dosentomaten klein schneiden und zum Hackfleisch geben. Alles gut durchkochen und mit Salz, Pfeffer, Paprika und Basilikum pikant abschmecken.

4 Die Pfifferlinge putzen, bei Bedarf klein schneiden. Die frischen Tomaten waschen und in Scheiben schneiden. Die Kartoffeln abgießen, kurz ausdampfen lassen. Dann die Kartoffeln schälen und in Scheiben schneiden.

5 Den Backofen auf 200 °C (Umluft) vorheizen.

6 Für die Sauce die Butter in einem Topf schmelzen. Das Mehl in die Butter rühren und darin anschwitzen. Die Mehlschwitze mit Milch und Brühe ablöschen, dabei kräftig durchrühren. Die Sauce 5 Minuten unter Rühren köcheln lassen, anschließend mit Salz, Pfeffer und Muskatnuss abschmecken.

7 Eine Auflaufform mit Butter einfetten. Den Boden mit 1 Drittel der Kartoffelscheiben auslegen, dann mit der Hälfte der Hackfleischmischung bedecken. Nochmals Kartoffelscheiben und Hackfleisch einschichten, dann mit Kartoffeln abschließen. Auf der letzten Kartoffelschicht die frischen Tomatenscheiben verteilen, darüber die Pilze streuen, zum Schluss mit Salz und Pfeffer würzen.

8 Über den Pilzen die helle Sauce verteilen, mit Käse bestreuen und im Backofen 35–45 Minuten goldbraun backen.

9 Die Kartoffellasagne aus dem Ofen nehmen und mit Basilikumblättern garniert servieren.

Kartoffel-Lauch-Auflauf
mit Nüssen

1 Den Backofen auf 180 °C (Ober- und Unterhitze) vorheizen.

2 Die Kartoffeln schälen, waschen und in dünne Scheiben schneiden oder hobeln. Den Lauch putzen, in Ringe schneiden und waschen. Die Lauchringe in kochendem Salzwasser etwa 2 Minuten blanchieren, dann mit kaltem Wasser abschrecken und gut abtropfen lassen.

3 Die Zwiebel sowie den Knoblauch schälen und fein würfeln. Die Butter in einer kleinen Pfanne erhitzen. Die Zwiebel und den Knoblauch darin glasig anschwitzen.

4 Den Käse entrinden, in kleine Würfel schneiden und mit den Kartoffeln, dem Lauch und den Nüssen vermengen. Die Kartoffelmischung mit Salz, Pfeffer und Muskat würzen, anschließend auf 4 ofenfeste Schalen oder Formen verteilen.

5 Die Sahne mit der Milch und den Eiern verrühren, die Zwiebel-Knoblauch-Mischung dazugeben und alles über den Auflauf gießen.

6 Den Kartoffel-Lauch-Auflauf im Backofen etwa 40 Minuten goldbraun backen, herausnehmen und sofort servieren.

ZUTATEN FÜR 4 PERSONEN

800 g mehligkochende Kartoffeln

2 Stangen Lauch

Salz

1 Zwiebel

1 Knoblauchzehe

1 EL Butter

200 g halbfester Schnittkäse (z. B. Reblochon)

75 g gehackte Haselnüsse

frisch gemahlener Pfeffer

frisch geriebene Muskatnuss

200 ml Sahne (mindestens 30 % Fett)

etwa 200 ml Milch

2 Eier

ZUBEREITUNGSZEIT: 30 MINUTEN
GAR- UND BACKZEIT: 45 MINUTEN

Sauerkrautauflauf
mit Apfelringen

ZUTATEN FÜR 4 PERSONEN

400 g vorgegartes Sauerkraut

250 g Kasseler, ohne Knochen

250 g Kartoffeln, am Vortag
mit Schale gekocht

2 EL Butter

Salz

frisch gemahlener Pfeffer

200 g Schmand

100 g Sahne
(mindestens 30 % Fett)

3 Eier

75 g Käse (z. B. Bergkäse),
frisch gerieben

frisch geriebene Muskatnuss

1 Apfel

einige Petersilienblätter

ZUBEREITUNGSZEIT: 20 MINUTEN
BACKZEIT: 45 MINUTEN

1 Den Backofen auf 180 °C (Umluft) vorheizen.

2 Das Sauerkraut abtropfen lassen. Das Kasseler klein würfeln. Die Kartoffeln schälen und in 2 cm große Würfel schneiden.

3 Die Butter in einer Pfanne erhitzen und das Kasseler darin kurz anbraten. Die Kartoffeln dazugeben und mitbraten. Alles mit Salz und Pfeffer würzen, anschließend in eine Auflaufform geben. Das Sauerkraut auf der Kasseler-Kartoffel-Mischung verteilen.

4 Die Hälfte vom Schmand mit der Sahne, 2 Eiern und einem Drittel des Käses gut verrühren. Die Eiercreme mit Salz, Pfeffer und Muskat würzen und die Mischung über dem Sauerkraut verteilen.

5 Den Apfel waschen, das Kerngehäuse mit einem Ausstecher entfernen und das Fruchtfleisch in Scheiben schneiden. Die Apfelscheiben auf das Sauerkraut legen.

6 Den restlichen Schmand mit dem übrigen Ei verrühren und mit Salz sowie Pfeffer würzen. Die Mischung mit einem Löffel in Klecksen auf den Auflauf geben und den Auflauf mit dem restlichen Käse bestreuen. Die Petersilienblätter darüber verteilen und den Auflauf im Ofen etwa 45 Minuten goldbraun backen.

7 Den Sauerkrautauflauf herausnehmen und servieren.

TIPP

Eine schöne Käsekruste gelingt mit Käsesorten, die zwischen 30 und 40 % Fett haben. Käse mit weniger Fett schmelzen nicht richtig und können sogar anbrennen. Am besten eignen sich Schnitt- und Hartkäse wie Gouda, Emmentaler oder Bergkäse. Mozzarella hat einen hohen Wassergehalt, deshalb wird er nur weich, aber nicht braun und kross. Gorgonzola schmilzt, bildet aber keine Kurste.

Schupfnudeln
mit Weißkohl und Schinken

ZUTATEN FÜR 4–6 PERSONEN

Für die Schupfnudeln:

700 g mehligkochende Kartoffeln

Salz

100 g Mehl und etwas mehr für die Arbeitsfläche

1 Ei

1 Eigelb

frisch gemahlener Pfeffer

frisch geriebene Muskatnuss

Für die Weißkohl-Schinken-Mischung:

600 g Weißkohl

1 Zwiebel

50 g Bärlauch

100 g gekochter Schinken, in Scheiben

3 EL Butter

200 ml Gemüsebrühe

Salz

frisch gemahlener Pfeffer

300 ml Sahne (mindestens 30 % Fett)

1–2 EL Zitronensaft

150 g Käse (z. B. Bergkäse)

ZUBEREITUNGSZEIT: 40 MINUTEN
GAR- UND BACKZEIT: 50 MINUTEN

1 Die Kartoffeln schälen, waschen und in Salzwasser etwa 25 Minuten garen, anschließend abgießen und auskühlen lassen.

2 Die Kartoffeln durch eine Kartoffelpresse drücken und mit Mehl, dem Ei, dem Eigelb, Salz, Pfeffer und Muskat zu einem Teig verkneten. Den Teig dann etwas ruhen lassen.

3 Den Kartoffelteig in kleinere Portionen teilen und jede Portion zu einer Rolle formen. Von der Teigrolle kleine Stücke abschneiden. Jedes Teigstück auf einer bemehlten Arbeitsplatte mit den Händen zu fingerförmigen, etwa 8 cm langen Schupfnudeln rollen und diese in reichlich siedendem Salzwasser etwa 5 Minuten gar ziehen lassen. Die Schupfnudeln mit einem Schaumlöffel herausnehmen und abtropfen lassen.

4 Für die Weißkohl-Schinken-Mischung den Kohl putzen, vierteln und von der Spitze Richtung Strunk in Streifen hobeln. Die Zwiebel schälen und würfeln. Den Bärlauch putzen, waschen, trocken tupfen und quer in Streifen schneiden. Den Schinken ebenfalls würfeln.

5 Von der Butter 1 Esslöffel in einem Topf erhitzen. Die Zwiebel und den Kohl darin kurz anschwitzen. Die Brühe angießen und alles mit Salz und Pfeffer würzen. Den Kohl zugedeckt bei schwacher Hitze etwa 10 Minuten dünsten. Den Deckel entfernen und den Kohl weitere 5 Minuten dünsten. Sobald die Flüssigkeit vollständig verdampft ist, die Sahne dazugeben und einköcheln lassen. Den Kohl mit Zitronensaft abschmecken.

6 Den Backofen auf 225 °C (Ober- und Unterhitze) vorheizen.

7 Inzwischen in einer großen Pfanne 1 Esslöffel Butter erhitzen und die Schupfnudeln darin goldbraun braten.

8 Den Käse reiben. Den Kohl, die Nudeln, den Bärlauch, den Schinken und die Hälfte des Käses mischen und noch mal mit Salz und Pfeffer abschmecken. Mit der restlichen Butter eine Auflaufform einfetten und die Schupfnudelmischung einfüllen.

9 Den Schupfnudelauflauf mit dem übrigen Käse bestreuen und im Ofen 15–20 Minuten backen, herausnehmen und sofort servieren.

Wirsing-Kartoffel-Auflauf

1 Den Backofen auf 200 °C (Ober- und Unterhitze) vorheizen.

2 Den Wirsing putzen, vierteln, vom harten Strunk befreien und die Blätter in Streifen schneiden. Die Kartoffeln schälen, waschen und in 3–4 mm dünne Scheiben schneiden oder hobeln.

3 Die Sahne mit der Brühe und den Eiern mischen, anschließend mit Salz, Pfeffer und Muskat würzen.

4 Eine Auflaufform mit Butter einfetten. Den Wirsing und die Kartoffelscheiben abwechselnd in die Auflaufform schichten, dabei mit dem Wirsing beginnen und mit den Kartoffeln abschließen.

5 Den Auflauf mit der Eiersahne übergießen, sodass 3 Viertel mit Flüssigkeit bedeckt sind. Den Käse reiben und über den Auflauf streuen.

6 Den Wirsing-Kartoffel-Auflauf im Ofen 35–40 Minuten goldbraun backen, herausnehmen, in Stücke teilen und sofort servieren.

ZUTATEN FÜR 4 PERSONEN

1 Wirsing

600 g festkochende Kartoffeln

400 ml Sahne (mindestens 30 % Fett)

400 ml Gemüsebrühe · 2 Eier

Salz · frisch gemahlener Pfeffer

frisch geriebene Muskatnuss

Butter (für die Form) · 200 g Käse (z. B. Gouda)

ZUBEREITUNGSZEIT: 30 MINUTEN
BACKZEIT: 40 MINUTEN

TIPP

Dieser Auflauf schmeckt nicht nur als Hauptgericht, sondern auch als Beilage zu deftigen Bratengerichten.

Blumenkohlauflauf
mit Speckstreifen

1 Die Blumenkohlröschen waschen und abtropfen lassen.

2 Den Käse reiben. Die Butter in einem Topf erhitzen, das Mehl unter Rühren dazugeben und aufschäumen lassen. Die Fleischbrühe und die Sahne einrühren. Die Sauce etwa 10 Minuten sämig einköcheln lassen, dabei weiter umrühren.

3 Den Topf vom Herd nehmen und den Käse untermischen. Die Sauce mit Salz, Pfeffer und Muskat abschmecken.

4 Den Backofen auf 200 °C (Ober- und Unterhitze) vorheizen.

5 Die Paprikaschoten halbieren, die Samen und Scheidewände entfernen und waschen. Die Paprika in Streifen schneiden. Die Kartoffeln schälen und in 3–4 mm dünne Scheiben schneiden oder hobeln. Den Speck in Streifen schneiden.

6 Die Kartoffeln zusammen mit den Paprikastreifen und dem Blumenkohl dachziegelartig in eine Auflaufform schichten. Den Speck darauf verteilen und die Sauce darübergießen.

7 Den Blumenkohlauflauf im Ofen etwa 40 Minuten goldbraun backen, herausnehmen und sofort servieren.

ZUTATEN FÜR 4 PERSONEN

600 g Blumenkohlröschen

100 g Käse (z. B. Bergkäse)

2 EL Butter

2 EL Mehl

etwa 400 ml Fleischbrühe

100 ml Sahne (mindestens 30 % Fett)

Salz

frisch gemahlener Pfeffer

frisch geriebene Muskatnuss

je 1 rote, gelbe und grüne Paprikaschote

400 g festkochende Kartoffeln

100 g Speck

ZUBEREITUNGSZEIT: 30 MINUTEN
GAR- UND BACKZEIT: 55 MINUTEN

Bunter Zucchiniauflauf
mit Reis

ZUTATEN FÜR 4 PERSONEN

2 grüne Zucchini

1 gelbe Zucchini

250 g Langkornreis

Salz

300 g Kirschtomaten

1 Zwiebel

1 Knoblauchzehe

1 Stängel Salbei

Butter (für die Form)

150 ml trockener Weißwein

frisch gemahlener Pfeffer

120 g Käse (z. B. Emmentaler),
frisch gerieben

ZUBEREITUNGSZEIT: 30 MINUTEN
GAR- UND BACKZEIT: 35 MINUTEN

1 Den Backofen auf 200 °C (Ober- und Unterhitze) vorheizen.

2 Die Zucchini putzen, waschen und in dünne Scheiben hobeln.

3 Den Reis in 400 ml kochendem Salzwasser etwa 15 Minuten bissfest garen. Er soll nicht ganz weich sein, da er im Ofen noch nachgart.

4 Die Tomaten waschen und halbieren. Die Zwiebel sowie den Knoblauch schälen und fein hacken. Den Salbei waschen und trocken tupfen. Die Blättchen abzupfen und in Streifen schneiden.

5 Den Reis abgießen, abkühlen lassen und anschließend mit den Zucchini, den Tomaten, der Zwiebel, dem Knoblauch und dem Salbei mischen.

6 Eine Auflaufform mit Butter einfetten. Die Reismischung in die Auflaufform geben, den Wein angießen. Den Auflauf mit Salz und Pfeffer würzen, dann mit dem Käse bestreuen.

7 Den Zucchiniauflauf im Ofen 15–20 Minuten backen, herausnehmen und sofort servieren.

Fenchel-Bohnen-Auflauf
mit Mandeln

1 Den Backofen auf 180 °C (Umluft) vorheizen.

2 Den Fenchel putzen, waschen und vierteln. Von den Vierteln den harten Strunk entfernen und den Fenchel in Spalten schneiden. Die Zwiebeln schälen und ebenfalls in Spalten schneiden.

3 Den Fenchel und die Zwiebeln auf 4 kleine Auflaufformen verteilen oder in eine große Form geben. Das Gemüse mit dem Öl beträufeln. Dann den Weißwein sowie etwas Brühe angießen und alles mit Salz sowie Pfeffer würzen. Den Fenchel und die Zwiebeln im Ofen etwa 20 Minuten garen. Ab und zu das Gemüse wenden und nach Bedarf noch etwas Brühe angießen.

4 In der Zwischenzeit die Bohnen putzen, waschen und im kochenden Salzwasser 6–8 Minuten bissfest kochen. Die Bohnen mit kaltem Wasser abschrecken, abtropfen lassen und in etwa 2 cm lange Stücke schneiden.

5 Wenn die Flüssigkeit in der Form mit dem Fenchel fast vollständig einreduziert ist, die Bohnen unter das Gemüse mengen.

6 Die Brösel mit dem Käse, der Petersilie und den Mandeln vermengen und über das Gemüse streuen.

7 Den Fenchel-Bohnen-Auflauf weitere 10 Minuten goldbraun backen, herausnehmen und servieren.

ZUTATEN FÜR 4 PERSONEN

2 Knollen Fenchel

2 Zwiebeln

4 EL Olivenöl

150 ml trockener Weißwein

etwa 500 ml Gemüsebrühe

Salz

frisch gemahlener Pfeffer

500 g Butterbohnen

50 g Semmelbrösel

50 g Käse (z. B. Edamer), frisch gerieben

1 EL frisch gehackte Petersilie

2 EL Mandelblättchen

ZUBEREITUNGSZEIT: 15 MINUTEN
GAR- UND BACKZEIT: 40 MINUTEN

Lasagne mit Zucchini
und Tomaten

1 Den Backofen auf 200 °C (Ober- und Unterhitze) vorheizen.

2 Die Zucchini putzen, waschen und der Länge nach in schmale Scheiben schneiden.

3 Die Nudelplatten in kochendem Salzwasser etwa 3 Minuten vorkochen, herausnehmen und in eine Schüssel mit kaltem Wasser legen. Dann 1 Esslöffel Öl dazugeben und die Nudelplatten abkühlen lassen. Anschließend die Platten trocken tupfen und beiseitelegen.

4 Den Knoblauch sowie die Schalotte schälen und fein hacken. In einem Topf 1 Esslöffel Öl erhitzen. Den Knoblauch und die Schalotte darin glasig anschwitzen. Die Tomaten dazugeben und alles mit Salz sowie Pfeffer abschmecken. Die Sauce bei mittlerer Hitze 4–5 Minuten köcheln lassen. Den Topf vom Herd ziehen und das Basilikum untermischen.

5 Den Mozzarella abtropfen lassen und in schmale Scheiben schneiden.

6 Eine Auflaufform mit Butter einfetten. Den Boden der Form mit Nudelplatten auslegen und 1 Drittel der Zucchinischeiben darauf verteilen. Etwas von der Tomatensauce darübergeben und mit einigen Mozzarellascheiben belegen. Noch zweimal abwechselnd Nudelplatten, Zucchinischeiben, Tomatensauce und Mozzarella in die Form schichten, mit Nudelplatten abschließen. Die übrige Tomatensauce darauf verteilen und den Käse darüberstreuen.

7 Die Kirschtomaten waschen, längs halbieren und auf der Lasagne verteilen.

8 Die Lasagne leicht mit Salz und Pfeffer würzen, dann im Ofen 35–40 Minuten backen, aus dem Ofen nehmen und mit Sonnenblumenkernen bestreut servieren.

ZUTATEN FÜR 4 PERSONEN

2–3 kleine Zucchini

12–16 Nudelplatten

Salz · Olivenöl

2 Knoblauchzehen · 1 Schalotte

600 g gestückelte Tomaten (aus der Dose)

frisch gemahlener Pfeffer

2 EL frisch gehacktes Basilikum

2 Kugeln Mozzarella (à 125 g)

Butter (für die Form)

4 EL frisch geriebener Hartkäse (z. B. Parmesan)

je 100 g rote und gelbe Kirschtomaten

2–3 EL geröstete Sonnenblumenkerne (zum Garnieren)

ZUBEREITUNGSZEIT: 40 MINUTEN
GAR- UND BACKZEIT: 45 MINUTEN

Brotauflauf
mit Maronen

ZUTATEN FÜR 4 PERSONEN

10 Brötchen (vom Vortag)

200 g Maronen

Butter (für die Form)

4 Schalotten

1 Knoblauchzehe

2 EL Butter

2 EL frisch gehackte Kräuter
(z. B. Petersilie und Thymian)

3 Eier

200 ml Sahne
(mindestens 30 % Fett)

200 ml Milch

Salz

frisch gemahlener Pfeffer

frisch geriebene Muskatnuss

ZUBEREITUNGSZEIT: 25 MINUTEN
BACKZEIT: 75 MINUTEN

1 Den Backofen auf 220 °C (Ober- und Unterhitze) vorheizen.

2 Die Brötchen würfeln. Die Maronen kreuzweise einritzen und im heißen Backofen etwa 30 Minuten rösten, bis die Schale gebräunt und aufgeplatzt ist. Die Maronen etwas abkühlen lassen, dann schälen und halbieren.

3 Die Temperatur im Backofen auf 180 °C (Umluft) reduzieren. Eine Backform oder nach Belieben 4 kleine Auflaufformen mit Butter einfetten.

4 Die Schalotten schälen und in Spalten schneiden. Die Knoblauchzehe schälen und fein hacken. Die Butter in einer großen Pfanne erhitzen und darin den Knoblauch zusammen mit den Schalotten und den Maronen glasig anschwitzen. Die Pfanne vom Herd nehmen, die Kräuter einrühren und die Brötchenwürfel untermischen.

5 Die Brötchenmischung in die vorbereitete Form oder in die Förmchen füllen.

6 Die Eier mit der Sahne und der Milch verquirlen, dann mit Salz, Pfeffer und Muskat kräftig würzen. Die Eiersahne über die Brötchenmischung gießen. Den Brotauflauf im Ofen etwa 45 Minuten goldbraun backen.

TIPP

Dieser Brotauflauf passt gut als Beilage zu Fleischgerichten. Die Brötchenmischung eignet sich auch als Füllung für Geflügel. Dafür bereiten Sie die Brötchenmischung nach Rezept zu und füllen Sie sie vor dem Braten in die Bauchhöhle des Geflügels.
Haben Sie keine Zeit, um die Maronen selbst im Backofen zu garen, kaufen Sie vorgegarte Maronen.

Fischauflauf
mit Kartoffelkruste

ZUTATEN FÜR 4 PERSONEN

600 g gemischte Fischfilets
(z. B. Lachs, Seeteufel, Kabeljau),
ohne Haut

1 Knoblauchzehe

3 Frühlingszwiebeln

200 g geschälte frische
grüne Erbsen

Salz

600 g festkochende Kartoffeln

160 g Käse (z. B. Emmentaler),
frisch gerieben

Butter (für die Form)

2 EL frisch gehackter Dill

100 ml trockener Weißwein

200 ml Sahne
(mindestens 30 % Fett)

100 g Crème fraîche

frisch gemahlener Pfeffer

ZUBEREITUNGSZEIT: 30 MINUTEN
GAR- UND BACKZEIT: 40 MINUTEN

1 Den Fisch waschen, trocken tupfen und in mundgerechte Würfel schneiden.

2 Den Knoblauch schälen und fein hacken. Die Frühlingszwiebeln putzen, waschen und in schmale Ringe schneiden.

3 Die Erbsen in kochendem Salzwasser etwa 5 Minuten kochen. Sie sollen noch knackig sein. Anschließend die Erbsen herausnehmen und abtropfen lassen.

4 Den Backofen auf 180 °C (Ober- und Unterhitze) vorheizen.

5 Die Kartoffeln schälen und grob raspeln. Die Raspel mit den Händen in einem Sieb oder in einem sauberen Geschirrtuch gut ausdrücken und mit dem Käse mischen.

6 Eine Auflaufform mit Butter einfetten. Den Fisch mit dem Knoblauch, den Frühlingszwiebeln, den Erbsen und dem Dill in der Form verteilen.

7 Den Wein mit der Sahne und der Crème fraîche verrühren, mit Salz und Pfeffer würzen. Die Sahnemischung über den Auflauf gießen und den Auflauf mit der Kartoffel-Käse-Masse bedecken.

8 Den Fischauflauf im vorgeheizten Ofen etwa 35 Minuten goldbraun backen, herausnehmen und sofort servieren.

Goldbarsch
mit Brothaube

1 Den Fisch waschen, trocken tupfen und in Streifen schneiden. Die Fischstreifen mit Limettensaft, Salz und Pfeffer würzen.

2 Die Zucchini putzen, waschen und in Scheiben hobeln.

3 Den Backofen auf 200 °C (Ober- und Unterhitze) vorheizen.

4 Die Milch mit 100 ml Sahne und den Eiern verquirlen. Die Eiermilch mit Salz, Estragon, Petersilie und Pfeffer würzen. Die beiden Förmchen mit Butter einfetten und mit den Zucchinischeiben auslegen. Die Scheiben sollen überlappen. Den Rand der Förmchen ebenfalls mit Zucchinischeiben bedecken.

5 1 Lage Knödelbrot auf die Zucchinischeiben geben, mit etwas Eiermilch beträufeln. Den Fisch darauf verteilen, wieder mit Knödelbrot abdecken und mit der restlichen Eiermilch beträufeln.

6 Die Semmelbrösel und den Käse mischen, dann über die Aufläufe streuen. Die Butterflöckchen darüber verteilen und alles im vorgeheizten Backofen 30–40 Minuten goldbraun backen.

7 Inzwischen den Sauerrahm mit der restlichen Sahne, dem Zitronensaft, den Kräutern und etwas Salz sowie Pfeffer verrühren.

8 Die fertigen Aufläufe aus dem Ofen nehmen und mit der Kräutersahne begießen. Den Goldbarschauflauf kurz ziehen lassen und servieren.

ZUTATEN FÜR 2 FÖRMCHEN
(15 CM DURCHMESSER)

500 g Goldbarschfilet, ohne Haut

1 EL Limettensaft · Salz

frisch gemahlener weißer Pfeffer

300 g Zucchini

200 ml Milch

220 ml Sahne (mindestens 30 % Fett) · 2 Eier

je 1 TL fein gehackte(r) Estragon und Petersilie

Butter (für die Förmchen) · 250 g Knödelbrot

2 EL Semmelbrösel · 2 EL frisch geriebener
Käse (z. B. Edamer)

1–2 TL Butterflocken · 100 g Sauerrahm

1 EL Zitronensaft · 1 EL gehackte Kräuter
(z. B. Dill, Petersilie, Estragon, Kerbel)

ZUBEREITUNGSZEIT: 40 MINUTEN
BACKZEIT: 40 MINUTEN

Lachslasagne
mit Spinat

1 Den Backofen auf 200 °C (Ober- und Unterhitze) vorheizen.

2 Den Lachs waschen, trocken tupfen und in etwa 2 cm dicke Scheiben schneiden. Den Fisch mit Salz und Pfeffer würzen, dann mit Zitronensaft beträufeln.

3 Den Spinat putzen, waschen und abtropfen lassen. Den Knoblauch schälen und fein hacken. In einem Topf die Butter erhitzen. Den Spinat dazugeben und so lange dünsten, bis er zusammenfällt und die gesamte Flüssigkeit verdampft ist. Den Spinat mit Salz, Pfeffer und Muskat würzen.

4 Für die Bechamelsauce die Butter in einem Topf aufschäumen lassen. Das Mehl einrühren und hellgelb anschwitzen. Die Milch unter Rühren dazugießen, dann aufkochen lassen. Die Crème fraîche untermischen. Die Sauce mit Salz, Pfeffer und Muskat abschmecken.

5 Den Thymian waschen, trocken tupfen und von 4 Zweigen die Blättchen abzupfen. Die Blättchen fein hacken und zur Bechamelsauce geben.

6 Die Nudelplatten bissfest vorgaren. Etwas von der Bechamelsauce in eine kleine Auflaufform geben, mit Nudelplatten bedecken. Die Platten bei Bedarf in Stücke schneiden. Auf den Platten etwas Lachs verteilen und Sauce darüberträufeln. Den Lachs wieder mit Nudelplatten bedecken, den Spinat darauf verteilen und Nudelplatten darüberlegen. Wieder etwas Sauce darüberträufeln. Den restlichen Lachs in die Form geben, mit Nudelplatten belegen und mit der restlichen Sauce abschließen.

7 Die Lachslasagne mit Butterflocken belegen und mit Käse bestreuen. Die Lasagne im Ofen etwa 45 Minuten goldbraun backen und mit dem restlichen Thymian garniert servieren.

ZUTATEN FÜR 4 PERSONEN

Für den Lachs und den Spinat:

800 g Lachsfilet, ohne Haut · Salz · frisch gemahlener Pfeffer · 2 EL Zitronensaft

400 g frischer Blattspinat · 1 Knoblauchzehe · 1 EL Butter · frisch geriebene Muskatnuss

Für die Bechamelsauce:

2 EL Butter · 2 EL Mehl · 400 ml Milch

2 EL Crème fraîche · Salz · frisch gemahlener Pfeffer

frisch geriebene Muskatnuss · 6 Zweige Thymian

12 Nudelplatten

2 EL Butterflocken (zum Belegen)

4 EL frisch geriebener Hartkäse (z. B. Parmesan)

ZUBEREITUNGSZEIT: 40 MINUTEN
GAR- UND BACKZEIT: 1 STUNDE

Seehecht im Förmchen

mit Kartoffelhaube

ZUTATEN FÜR 4 PERSONEN

500 g Seehechtfilet, ohne Haut

Für die Kartoffelhaube:

500 g mehligkochende Kartoffeln

Salz

etwa 75 ml Milch

2–3 El Olivenöl

Für die Sauce:

2 Schalotten

2 EL Butter

200 ml Sahne (mindestens 30 % Fett)

200 g Käse (z. B. Emmentaler), frisch gerieben

Salz

frisch gemahlener Pfeffer

frisch geriebene Muskatnuss

4 Eier

200 g frischer Blattspinat

Salz

Olivenöl (für die Förmchen)

2 EL geriebenes Weißbrot

ZUBEREITUNGSZEIT: 50 MINUTEN
GAR- UND BACKZEIT: 50 MINUTEN

1 Den Seehecht waschen, trocken tupfen und in Würfel schneiden.

2 Für die Kartoffelhaube vorab die Kartoffeln waschen, schälen und in Salzwasser etwa 25 Minuten gar kochen.

3 In der Zwischenzeit für die Sauce die Schalotten schälen und fein würfeln. Die Butter in einem Topf erhitzen und die Schalotten darin glasig anschwitzen. Die Sahne angießen und kurz aufkochen lassen. Den Topf vom Herd nehmen und den Käse unterrühren. Die Sauce mit Salz, Pfeffer und Muskat würzig abschmecken.

4 Die Eier etwa 7 Minuten hart kochen, mit kaltem Wasser abschrecken und schälen. Den Spinat putzen, waschen und in Salzwasser kurz blanchieren. Den Spinat mit kaltem Wasser abschrecken, anschließend gut ausdrücken.

5 Den Backofen auf 200 °C (Umluft) vorheizen. 4 kleine Auflaufförmchen mit Öl auspinseln.

6 In jedes Förmchen 1 Viertel des Spinats, einige Fischwürfel und 1 Ei geben. Die Zutaten mit der Käsesauce übergießen.

7 Die Kartoffeln abgießen, ausdampfen lassen und durch die Kartoffelpresse drücken. Die Kartoffeln mit der Milch und dem Öl verrühren. Den Kartoffelbrei mit Salz abschmecken und auf den Fischauflauf in den Förmchen streichen.

8 Die Brotbrösel über den Kartoffelbrei streuen und den Auflauf in den Förmchen im Ofen etwa 25 Minuten goldbraun backen, herausnehmen und sofort servieren.

Weißbrot-Speck-Auflauf
mit Paprika

ZUTATEN FÜR 4 PERSONEN

Butter (für die Form)

6–8 Scheiben Weißbrot (vom Vortag)

100 g Speck, in Scheiben

1 rote Paprikaschote

250 ml Sahne (mindestens 30 % Fett)

4 Eier

100 g Käse (z. B. Emmentaler), frisch gerieben

frisch geriebene Muskatnuss

Salz

frisch gemahlener Pfeffer

1 EL frisch gehackte Petersilie (zum Garnieren)

ZUBEREITUNGSZEIT: 20 MINUTEN
BACKZEIT: 35 MINUTEN

1 Den Backofen auf 180 °C (Umluft) vorheizen. Eine Auflaufform mit Butter einfetten.

2 Das Weißbrot in etwa 2 cm große Würfel schneiden. Den Speck in Streifen schneiden. Die Paprikaschote halbieren, putzen, die Samen und Scheidewände entfernen. Die Paprika waschen und in Würfel schneiden.

3 Die Sahne mit den Eiern und der Hälfte vom Käse verquirlen. Die Eiersahne mit Muskat, Salz und Pfeffer kräftig würzen.

4 Das Weißbrot in die Auflaufform geben. Die Eiersahne darübergießen. Den Speck mit den Paprikawürfeln darauf verteilen. Den Auflauf mit dem restlichen Käse bestreuen.

5 Den Weißbrot-Speck-Auflauf im Backofen etwa 35 Minuten goldbraun backen, herausnehmen und mit Petersilie bestreut servieren.

TIPP

Der Auflauf ist eine schmackhafte Beilage zu deftigen Gerichten. Als Hauptgericht können Sie zum Weißbrot-Speck-Auflauf mit Essig und Öl marinierten Feldsalat reichen.

Hokkaido-Lasagne
mit Kalbfleisch

ZUTATEN FÜR 4 PERSONEN

Für die Kalbfleischsauce:

500 g Kalbfleisch (Schulter) · 1 Zwiebel · 1 Knoblauchzehe · Olivenöl · 1 EL Tomatenmark · 100 ml trockener Rotwein · 500 g gestückelte Tomaten (aus der Dose) · 250 ml Fleischbrühe · Salz · frisch gemahlener Pfeffer · 1 Lorbeerblatt

Für den Kürbis und die Käsesauce:

etwa 600 g Fruchtfleisch eines Hokkaidokürbisses · Salz · frisch gemahlener Pfeffer · Olivenöl

120 g Käse (z. B. Emmentaler) · 300 g Crème fraîche · 75 ml Sahne (mindestens 30 % Fett)

Olivenöl (für die Form)

300 g Nudelplatten, bissfest vorgegegart

1 Kugel Mozzarella (125 g) · 3 EL Pinienkerne

ZUBEREITUNGSZEIT: 45 MINUTEN
GAR- UND BACKZEIT: 1 STUNDE 45 MINUTEN

1 Den Backofen auf 180 °C (Ober- und Unterhitze) vorheizen.

2 Das Fleisch waschen, trocken tupfen und in sehr kleine Würfel schneiden. Die Zwiebel sowie den Knoblauch schälen und fein hacken.

3 In einem Topf 2 Esslöffel Öl erhitzen und das Fleisch portionsweise rundherum anbraten. Das Fleisch herausnehmen, in eine Schüssel geben und beiseitestellen.

4 In demselben Topf die Zwiebel mit dem Knoblauch glasig anschwitzen. Das Tomatenmark einrühren, kurz rösten, dann mit dem Wein ablöschen. Die Fleischwürfel, die Tomaten und die Brühe dazugeben. Die Sauce mit Salz und Pfeffer würzen. Das Lorbeerblatt einlegen und die Sauce bei mittlerer Hitze etwa 1 Stunde köcheln lassen.

5 In der Zwischenzeit das Kürbisfruchtfleisch in schmale Streifen schneiden und auf ein mit Backpapier belegtes Backblech legen. Die Streifen mit Salz und Pfeffer würzen, mit etwas Olivenöl beträufeln und im Ofen etwa 35 Minuten backen. Die Kürbisstreifen gelegentlich wenden.

6 Für die Käsesauce den Käse reiben. Die Crème fraîche mit dem Käse und der Sahne verrühren. Die Mischung mit Salz und Pfeffer würzen.

7 Eine Auflaufform mit Olivenöl einpinseln. Die Form mit einer Lage Nudelplatten auslegen, die Platten bei Bedarf auseinanderbrechen. Etwas Fleischsauce darauf verstreichen, mit Kürbisspalten belegen und mit etwas Käsesauce beträufeln. Die Zutaten weiter abwechselnd einschichten, bis alles aufgebraucht ist. Dabei mit der Käsesauce abschließen.

8 Den Mozzarella abtropfen lassen, in Scheiben schneiden und auf der Lasagne verteilen. Die Lasagne im vorgeheizten Ofen etwa 40 Minuten backen.

9 Die Pinienkerne in einer Pfanne ohne Fett hellbraun rösten. Die Lasagne aus dem Ofen nehmen und mit Pinienkernen garniert servieren.

Hackfleisch-Nudel-Auflauf
mit Kürbis

1 Den Backofen auf 200 °C (Ober- und Unterhitze) vorheizen.

2 Die Zwiebeln schälen und fein würfeln. In einem Topf die Butter erhitzen und die Zwiebeln darin glasig dünsten. Das Hackfleisch dazugeben und anbraten, bis es krümelig wird. Das Fleisch mit Salz, Pfeffer und Oregano würzen. Die Tomaten samt Saft hinzufügen. Die Sauce nochmals mit Salz, Pfeffer, Essig, Zucker und Paprika abschmecken, dann etwa 5 Minuten bei niedriger Hitze dickflüssig einkochen.

3 Die Nudeln in reichlich kochendem Salzwasser kochen, aber nicht weich garen, da sie im Ofen nachziehen. Die Nudeln abgießen.

4 Den Kürbis waschen, vierteln und entkernen. Es soll etwa 400 g Fruchtfleisch ergeben. Von den Kürbisvierteln mit einem Sparschäler lange dünne Streifen (5–6 cm) abschälen. In einer Pfanne die Butter erhitzen und die Kürbisstreifen darin portionsweise 1 Minute anbraten, anschließend mit Salz würzen.

5 Für die Bechamelsauce in einem Topf die Butter erhitzen, das Mehl einrühren und 2 Minuten unter Rühren anschwitzen. Die Brühe und die Milch angießen und alles gut verrühren. Die Sauce einmal aufkochen lassen, anschließend mit Salz und Pfeffer abschmecken. Den Käse reiben und ein Drittel davon in die Sauce rühren.

6 Das Eigelb in einer kleinen Schüssel verquirlen und mit 2–3 Esslöffeln Sauce verrühren. Die Mischung zum Binden in die Sauce rühren, die Sauce soll dabei nicht mehr kochen, da sonst das Eigelb gerinnt.

7 Eine Auflaufform mit Butter einfetten. Die Nudeln, die Kürbisstreifen und die Hackfleischsauce abwechselnd in die Form einschichten. Alles mit der Bechamelsauce begießen, mit dem übrigen Käse bestreuen und im Ofen 25–30 Minuten backen. Den Hackfleisch-Nudel-Auflauf mit Petersilie garniert servieren.

ZUTATEN FÜR 4 PERSONEN

Für die Hackfleischsauce:

2 Zwiebeln · 1 EL Butter · 500 g gemischtes Hackfleisch · Salz · frisch gemahlener Pfeffer · getrockneter Oregano · 400 g geschälte Tomaten (aus der Dose) · 1–2 EL Balsamicoessig · 1 Prise Zucker · edelsüßes Paprikapulver

Für die Nudeln und den Kürbis:

400 g Nudeln (z. B. Penne) · Salz · 600 g Hokkaidokürbis · 1 EL Butter

Für die Bechamelsauce:

2 EL Butter · 2 EL Mehl · 100 ml Fleischbrühe · 300 ml Milch · Salz · frisch gemahlener Pfeffer · 150 g Greyerzer · 1 Eigelb

Butter (für die Form)

Petersilienblättchen (zum Garnieren)

ZUBEREITUNGSZEIT: 50 MINUTEN
GAR- UND BACKZEIT: 40 MINUTEN

Hackfleisch-Tomaten-
Lasagne

ZUTATEN FÜR 4 PERSONEN

Für die Hackfleischsauce:

400 g gemischtes Hackfleisch

1 Zwiebel

2 Knoblauchzehen

1 Karotte

1 Stange Staudensellerie

2–3 EL Olivenöl

1 EL Tomatenmark

100 ml Rotwein

400 g geschälte Tomaten
(aus der Dose)

Salz

frisch gemahlener Pfeffer

Für die Bechamelsauce:

2 EL Butter

2 EL Mehl

etwa 400 ml Milch

Salz

frisch gemahlener Pfeffer

Für die Lasagne:

Olivenöl (für die Form)

200 g Mozzarella

etwa 400 g Nudelplatten,
bissfest vorgegart

200 g Kirschtomaten

50 g Hartkäse (z. B. Parmesan),
frisch gerieben

Oreganoblättchen
(zum Garnieren)

ZUBEREITUNGSZEIT: 45 MINUTEN
GAR- UND BACKZEIT:
1 STUNDE 15 MINUTEN

1 Das Hackfleisch aus dem Kühlschrank nehmen. Die Zwiebel und den Knoblauch schälen und beides fein hacken. Die Karotte schälen. Den Sellerie putzen, waschen und mit der Karotte fein würfeln.

2 Das Olivenöl in einem Topf erhitzen. Das Hackfleisch darin anbraten, bis es krümelig wird. Die Zwiebel, den Knoblauch, die Karotte und den Sellerie hinzufügen und kurz anschwitzen. Das Tomatenmark unterrühren, kurz rösten, dann den Wein und die Tomaten mit Saft dazugeben. Die Tomaten leicht zerdrücken. Die Sauce mit Salz und Pfeffer abschmecken und etwa 30 Minuten bei niedriger Hitze dickflüssig einköcheln lassen.

3 Für die Bechamelsauce die Butter in einem Topf erhitzen. Das Mehl unterrühren und kurz anschwitzen. Nach und nach die Milch unter Rühren zugießen. Die Sauce mit Salz und Pfeffer würzen und bei niedriger Hitze etwa 5 Minuten unter Rühren dickflüssig einköcheln lassen.

4 Den Backofen auf 180 °C (Ober- und Unterhitze) vorheizen.

5 Eine große rechteckige Auflaufform mit Öl einpinseln. Den Mozzarella in Scheiben schneiden.

6 Etwas von der Bechamelsauce in die Form geben und den Boden der Form mit Nudelplatten auslegen. Die Hackfleisch- und die Bechamelsauce sowie die Mozzarellascheiben und die Nudelplatten abwechselnd in die Form schichten. Mit einer Lage Nudelblätter abschließen und etwas Bechamelsauce darauf verstreichen.

7 Die Tomaten waschen, halbieren und über der Lasagne verteilen. Die Lasagne mit dem Käse bestreuen und im Backofen etwa 45 Minuten goldbraun backen. Sollte die Oberfläche zu schnell dunkel werden, mit Alufolie abdecken.

8 Die Hackfleisch-Tomaten-Lasagne aus dem Ofen nehmen und mit Oregano garniert servieren.

Buntes Kartoffelallerlei
mit Eiern

ZUTATEN FÜR 4 PERSONEN

600 g vorwiegend festkochende Kartoffeln

Salz

400 g Wiener Würstchen

2 Zwiebeln

1 ½ gelbe Paprikaschoten

1 ½ grüne Paprikaschoten

2 EL Butterschmalz

Butter (für die Form)

4 Eier

1 TL getrockneter Thymian

ZUBEREITUNGSZEIT: 30 MINUTEN
GAR- UND BACKZEIT: 40 MINUTEN

1 Die Kartoffeln waschen und in kochendem Salzwasser etwa 25 Minuten garen.

2 In der Zwischenzeit die Wiener Würstchen in kleine Stücke schneiden. Die Zwiebeln schälen und in Streifen schneiden. Die Paprikaschoten halbieren, putzen, die Samen und die Scheidewände entfernen. Die Paprika waschen und in schmale Streifen schneiden.

3 Den Backofen auf 200 °C (Ober- und Unterhitze) vorheizen.

4 Die Kartoffeln abgießen, ausdampfen lassen, schälen und in mundgerechte Stücke schneiden.

5 In einer Pfanne das Butterschmalz erhitzen und die Kartoffeln unter gelegentlichem Schwenken kurz anbraten. Die Zwiebeln, die Paprikastreifen und die Würstchen dazugeben, kurz mitbraten.

6 Eine Auflaufform mit Butter einfetten und die Kartoffelmischung in die Form geben.

7 Die Eier über das Allerlei schlagen. Den Auflauf mit Thymian und etwas Salz bestreuen und im Ofen 10–12 Minuten backen. Das bunte Kartoffelallerlei herausnehmen und noch heiß servieren.

TIPP

Wie der Name „Allerlei" schon sagt, können Sie allerlei andere Gemüse außer Paprika für diesen Auflauf verwenden, z. B. Tomaten, Bohnen, Fenchel, Zucchini – alles, was Ihnen und Ihrer Familie schmeckt. Bis auf Tomaten sollten sie Gemüse vor dem Backen bissfest garen.

Auflauf mit Weizenkörnern,
Schinken und Spinat

1 Den Weizen nach Packungsangabe etwa 20 Minuten in Salzwasser gar kochen.

2 Den Backofen auf 180 °C (Umluft) vorheizen. Eine Auflaufform mit Butter einfetten.

3 Den Spinat putzen und waschen. Die Schalotte schälen, und fein würfeln. In einem Topf 1 Esslöffel Butter erhitzen und die Schalotte darin anschwitzen. Den Spinat dazugeben, zusammenfallen lassen und weiter erhitzen, bis die Flüssigkeit verdampft ist. Den Topf vom Herd nehmen, dann die Crème fraîche unterrühren. Den Spinat mit Salz und Muskat abschmecken.

4 Für die Sauce die restliche Butter in einem Topf erhitzen. Das Mehl unterrühren und kurz anschwitzen. Nach und nach die Milch unter Rühren dazugießen. Dann die Sauce etwa 10 Minuten bei niedriger Hitze einköcheln lassen und mit Salz, Pfeffer sowie Muskat abschmecken.

5 Den Weizen abgießen und die Hälfte auf dem Boden der Form verteilen. Auf den Weizen die Hälfte des Spinats geben, mit der Hälfte der Schinkenscheiben belegen und die Hälfte der Sauce darübergießen. Alle restlichen Zutaten ebenso abwechselnd einschichten und mit der Sauce abschließen.

6 Den Auflauf mit Käse bestreuen und im Ofen etwa 30 Minuten goldbraun backen, anschließend herausnehmen und sofort servieren.

ZUTATEN FÜR 4 PERSONEN

250 g Zartweizen

Salz

Butter (für die Form)

500 g Blattspinat

1 Schalotte

3 EL Butter

2 EL Crème fraîche

frisch geriebene Muskatnuss

2 EL Mehl

etwa 500 ml Milch

frisch gemahlener Pfeffer

100 g Schinken, in Scheiben

40 g Käse (z. B. Emmentaler), frisch gerieben

ZUBEREITUNGSZEIT: 30 MINUTEN
GAR- UND BACKZEIT: 50 MINUTEN

Auflauf mit Hackfleisch
und Kartoffelbrei

1 Das Hackfleisch aus dem Kühlschrank nehmen. Die Kartoffeln schälen, waschen und in Salzwasser etwa 25 Minuten gar kochen.

2 Die Karotten sowie die Zwiebel schälen und würfeln. Den Sellerie putzen, waschen und in Stücke schneiden. Die Tomaten waschen, vierteln, die Samen entfernen und das Fruchtfleisch würfeln.

3 Das Öl in einem Topf erhitzen. Das Hackfleisch darin braten, bis es krümelig wird. Die Karotten, die Zwiebel sowie den Sellerie dazugeben und etwa 5 Minuten mitbraten. Den Topf vom Herd nehmen. Die Kräuter und die Tomaten unter das Hackfleisch mengen. Die Brühe angießen, dann alles mit Salz und Pfeffer würzen.

4 Den Backofen auf 200 °C (Ober- und Unterhitze) vorheizen.

5 Die Kartoffeln abgießen, ausdampfen lassen und durch eine Kartoffelpresse drücken. Die Milch und den Käse unter den Kartoffelbrei mengen.

6 Die Hackfleischmischung in eine Auflaufform füllen und das Kartoffelpüree darüberstreichen. Den Auflauf im Ofen etwa 25 Minuten goldbraun backen.

7 Die Cocktailtomaten waschen und halbieren. Den Auflauf aus dem Ofen nehmen und mit den Tomatenhälften und der Petersilie garniert servieren.

ZUTATEN FÜR 4 PERSONEN

500 g gemischtes Hackfleisch

250 g mehligkochende Kartoffeln · Salz

2 Karotten · 1 Zwiebel

1 Stange Staudensellerie · 2 Tomaten

2 EL Pflanzenöl

1 Handvoll frische Kräuter (z. B. Petersilie, Salbei und Rosmarin)

etwa 150 ml Fleischbrühe

frisch gemahlener Pfeffer

3–4 EL Milch

75 g Käse (z. B. Gouda), frisch gerieben

Cocktailtomaten (zum Garnieren)

Petersilienblättchen (zum Garnieren)

ZUBEREITUNGSZEIT: 40 MINUTEN
GAR- UND BACKZEIT: 50 MINUTEN

Reis-Hähnchen-Auflauf
mit Erbsen

ZUTATEN FÜR 4 PERSONEN

250 g Langkornreis

Salz

200 g geschälte
frische grüne Erbsen

500 g Hähnchenbrust, ohne Haut

frisch gemahlener Pfeffer

2 EL Pflanzenöl

300 ml Sahne
(mindestens 30 % Fett)

50 g Käse (z. B. Edamer),
frisch gerieben

4 Scheiben Weißbrot

1 EL Butter

Butter (für die Form)

ZUBEREITUNGSZEIT: 30 MINUTEN
GAR- UND BACKZEIT: 40 MINUTEN

1 Den Reis in 500 ml kochendem Salzwasser bissfest garen.

2 Den Backofen auf 200 °C (Ober- und Unterhitze) vorheizen.

3 Die Erbsen in kochendem Salzwasser etwa 5 Minuten kochen. Sie sollten noch knackig sein. Anschließend die Erbsen herausnehmen und abtropfen lassen.

4 Das Fleisch waschen, trocken tupfen und in mundgerechte Stücke schneiden. Die Fleischstücke mit Salz und Pfeffer würzen. Das Öl in einer Pfanne erhitzen und das Fleisch darin rundherum scharf anbraten. Die Pfanne vom Herd ziehen und das Fleisch abkühlen lassen.

5 Die Sahne mit dem Käse verrühren. Die Mischung mit Salz und Pfeffer würzen.

6 Die Brotscheiben entrinden. Die Brotkrume (das Brotinnere) in 1 cm kleine Würfel schneiden. In einer Pfanne die Butter erhitzen und die Brotwürfel darin goldbraun anbraten. Die Würfel herausnehmen und beiseitelegen.

7 Den Reis abgießen und mit den Erbsen sowie dem Hähnchenfleisch vermischen. Eine Auflaufform mit Butter einfetten.

8 Die Reismischung in die Form geben, mit der Käsesahne übergießen und mit den Brotwürfeln bestreuen. Den Reis-Hähnchen-Auflauf im Ofen etwa 25 Minuten backen, herausnehmen und sofort servieren.

TIPP

Statt Erbsen können Sie auch Bohnen und andere Hülsenfrüchte, z. B. Kichererbsen, verwenden.

Makkaroni-Hähnchen-
Auflauf

1 Die Nudeln in reichlich kochendem Salzwasser bissfest kochen, aber nicht weich garen, da sie im Ofen nachziehen. Anschließend die Nudeln abgießen und abtropfen lassen.

2 Die Hähnchenbrustfilets waschen, trocken tupfen und in Streifen schneiden.

3 Den Spinat waschen, putzen und abtropfen lassen. Den Knoblauch schälen und fein hacken. Die Tomaten gut abtropfen lassen und grob hacken. Den Käse reiben.

4 Die Eier mit der Sahne, der Crème fraîche, dem Knoblauch und der Hälfte vom Käse vermengen. Die Eiersahne mit Salz, Pfeffer und Muskat würzen.

5 Den Backofen auf 180 °C (Ober- und Unterhitze) vorheizen.

6 Die Nudeln abwechselnd mit dem Hähnchen, dem Spinat und den Tomaten in eine Auflaufform schichten. Die Eiersahne darübergießen und den restlichen Käse darüberstreuen.

7 Den Makkaroni-Hähnchen-Auflauf im Ofen etwa 30 Minuten goldbraun backen, herausnehmen und sofort servieren.

ZUTATEN FÜR 4 PERSONEN

400 g Nudeln (z. B. Makkaroni)

Salz

4 Hähnchenbrustfilets (à etwa 120 g)

1 Handvoll Spinat

1 Knoblauchzehe

100 g getrocknete, in Öl eingelegte Tomaten

100 g Käse (z. B. Emmentaler, Gouda)

4 Eier

150 ml Sahne (mindestens 30 % Fett)

50 g Crème fraîche

frisch gemahlener Pfeffer

frisch geriebene Muskatnuss

ZUBEREITUNGSZEIT: 45 MINUTEN
GAR- UND BACKZEIT: 40 MINUTEN

Nudel-Brokkoli-Auflauf
mit Hähnchen

1 Den Brokkoli in Salzwasser 3–4 Minuten bissfest garen, er soll nicht weich sein. Den Brokkoli mit kaltem Wasser abschrecken, dann abtropfen lassen.

2 Die Nudeln in reichlich kochendem Salzwasser kochen, aber nicht weich garen, da sie im Ofen nachziehen. Anschließend die Nudeln abgießen und abtropfen lassen.

3 Die Hähnchenbrustfilets waschen, trocken tupfen und in Streifen oder Würfel schneiden. Die Fleischstücke mit Salz und Pfeffer würzen. Das Öl in einer Pfanne erhitzen und darin das Fleisch rundherum 1–2 Minuten anbraten. Das Fleisch wieder aus der Pfanne nehmen.

4 Für die Sauce 2 Esslöffel Butter in einem Topf erhitzen. Das Mehl unterrühren und kurz anschwitzen. Nach und nach die Milch unter Rühren zugießen. Die Sauce mit Salz und Pfeffer würzen und bei niedriger Hitze etwa 10 Minuten unter Rühren dickflüssig einköcheln lassen. Den Topf vom Herd nehmen, den Käse einrühren und die Sauce mit Salz und Pfeffer abschmecken.

5 Den Backofen auf 180 °C (Umluft) vorheizen. Eine Auflaufform mit Butter einfetten.

6 Das Fleisch, den Salbei und die Nudeln in einer Schüssel vermengen, dann gleichmäßig in die Auflaufform füllen. Die Brokkoliröschen darüber verteilen und alles mit der Sauce beträufeln.

7 Das Toastbrot entrinden und die Brotkrume (das Brotinnere) in kleine Stücke zupfen. Die restliche Butter in einer Pfanne schmelzen lassen. Die flüssige Butter mit dem Toastbrot vermengen. Die Brotwürfel auf dem Auflauf verteilen.

8 Den Nudel-Brokkoli-Auflauf im Ofen etwa 25 Minuten goldbraun backen, herausnehmen und sofort servieren.

ZUTATEN FÜR 4 PERSONEN

500 g Brokkoliröschen

Salz

200 g Nudeln (z. B. Spiralnudeln)

4 Hähnchenbrustfilets (à etwa 120 g)

frisch gemahlener Pfeffer

1–2 EL Pflanzenöl

4 EL Butter

2 EL Mehl

etwa 400 ml Milch

60 g Käse (z. B. Greyerzer), frisch gerieben

Butter (für die Form)

1 EL fein geschnittener Salbei

2 Scheiben Toastbrot

ZUBEREITUNGSZEIT: 30 MINUTEN
GAR- UND BACKZEIT: 1 STUNDE

Putenfleischbällchen
aus dem Ofen

ZUTATEN FÜR 4 PERSONEN

600 g Putenbrust

2 Frühlingszwiebeln

Salz

frisch gemahlener Pfeffer

Kreuzkümmel

250 g grüne Bohnen

1 rote Paprikaschote

2 Tomaten

150 g gekochte Maiskörner

2 Eier

50 g Maisgrieß

200 ml Sahne
(mindestens 30 % Fett)

50 g Käse (z. B. Emmentaler),
frisch gerieben

ZUBEREITUNGSZEIT: 40 MINUTEN
GAR- UND BACKZEIT: 35 MINUTEN

1 Die Putenbrust waschen, trocken tupfen und sehr fein hacken. Die Frühlingszwiebeln putzen, waschen und ebenfalls fein hacken. Die Frühlingszwiebeln mit dem Fleisch vermengen und mit Salz, Pfeffer sowie Kreuzkümmel würzen. Aus der Masse etwa 8 kleine Bällchen formen.

2 Den Backofen auf 180 °C (Ober- und Unterhitze) vorheizen.

3 Die Bohnen putzen, waschen und in Salzwasser 4–5 Minuten blanchieren. Das Wasser abgießen. Die Bohnen mit kaltem Wasser abschrecken, abtropfen lassen und in Stücke schneiden.

4 Die Paprikaschote halbieren, putzen und die Samen und Scheidewände entfernen. Die Paprika waschen und in feine Streifen schneiden. Die Tomaten mit heißem Wasser übergießen, mit kaltem Wasser abschrecken, dann häuten, vierteln, die Samen entfernen und das Fruchtfleisch fein würfeln. Die Paprikastreifen, die Tomaten und die Maiskörner in einer Auflaufform verteilen und die Fleischbällchen drauflegen.

5 Die Eier mit dem Grieß, der Sahne und dem Käse verrühren. Die Mischung mit Salz und Pfeffer würzig abschmecken und anschließend über die Bällchen verteilen.

6 Die Putenfleischbällchen im Ofen etwa 30 Minuten goldbraun backen.

Lammhackauflauf
mit Kartoffelhaube

ZUTATEN FÜR 4 PERSONEN

800 g Hackfleisch vom Lamm

500 g mehligkochende Kartoffeln

Salz

2 Zwiebeln

1 rote Paprikaschote

1 gelbe Paprikaschote

2 EL Pflanzenöl

1 TL Tomatenmark

etwa 250 ml Fleischbrühe

frisch gemahlener Pfeffer

etwa 100 ml Milch

2 EL Butter

frisch geriebene Muskatnuss

ZUBEREITUNGSZEIT: 30 MINUTEN
GAR- UND BACKZEIT: 55 MINUTEN

1 Das Hackfleisch aus dem Kühlschrank nehmen. Die Kartoffeln schälen, waschen und in Salzwasser etwa 25 Minuten gar kochen.

2 Die Zwiebeln schälen und fein würfeln. Die Paprikaschoten halbieren, putzen und die Samen sowie die Scheidewände entfernen. Die Paprika waschen und fein würfeln.

3 Das Öl in einem Topf erhitzen. Das Hackfleisch darin anbraten, bis es krümelig wird. Dann die Zwiebeln, die Paprikawürfel und das Tomatenmark dazugeben und 2–3 Minuten mitbraten. Die Brühe angießen und die Fleischsauce etwa 10 Minuten köcheln lassen. Am Ende der Garzeit die Sauce mit Salz und Pfeffer abschmecken.

4 Den Backofen auf 180 °C (Umluft) vorheizen.

5 Die Milch in einem kleinen Topf erhitzen. Die Kartoffeln abgießen, abtropfen lassen und mit einem Kartoffelstampfer oder einer Gabel zerdrücken. Die heiße Milch und die Butter unterrühren und das Kartoffelpüree mit Salz, Pfeffer und Muskat würzen.

6 Das Hackfleisch in eine Auflaufform füllen. Das Kartoffelpüree gleichmäßig darüber verteilen. Den Lammhackauflauf im Backofen etwa 20 Minuten goldbraun backen, herausnehmen und sofort servieren.

Lammhackbällchen
mit Gemüse

1 Den Knoblauch schälen und fein hacken. Dann das Lammhackfleisch mit dem Knoblauch, der Petersilie, der Zitronenschale, den Eiern, den Bröseln, Salz und Pfeffer verkneten. Die Masse 1–2 Minuten ruhen lassen, sollte sie dann noch zu weich sein, weitere 1–2 Esslöffel Brösel unterkneten. Mit feuchten Händen aus der Fleischmasse kleine Bällchen formen.

2 Den Backofen auf 180 °C (Umluft) vorheizen.

3 Für das Gemüse die Zwiebel und den Knoblauch schälen und fein hacken. Die Zucchini waschen, der Länge nach vierteln und in Scheiben schneiden. Die Kirschtomaten waschen und halbieren.

4 In einer großen Pfanne 3 Esslöffel Öl erhitzen und die Zwiebel und den Knoblauch darin sanft anschwitzen. Die Zucchinischeiben dazugeben und ebenfalls 1–2 Minuten anschwitzen, anschließend mit dem Wein ablöschen. Die Flüssigkeit verdampfen lassen, dann die gestückelten Tomaten dazugeben. Alles zum Kochen bringen, dann die Hitze reduzieren und das Gemüse 1–2 Minuten köcheln lassen. Die Pfanne vom Herd ziehen und die Sauce mit Salz, Pfeffer und Muskat kräftig abschmecken.

5 Die Hackbällchen in eine Auflaufform setzen und die Gemüsesauce sowie die Kirschtomaten darüber verteilen. Die Lammhackbällchen im Backofen 30 Minuten backen, herausnehmen und mit Petersilie garniert servieren.

ZUTATEN FÜR 4 PERSONEN

Für die Hackbällchen:

1 Knoblauchzehe · 600 g Hackfleisch vom Lamm

2–3 EL gehackte Petersilie · 1 EL abgeriebene Schale einer unbehandelten Zitrone

2 Eier · 100 g Semmelbrösel · Salz · frisch gemahlener Pfeffer

Für das Gemüse:

1 Zwiebel · 2 Knoblauchzehen

2 Zucchini · 250 g Kirschtomaten

Olivenöl (zum Braten) · 125 ml trockener Rotwein

400 g gestückelte Tomaten (aus der Dose)

Salz · frisch gemahlener Pfeffer · frisch geriebene Muskatnuss

Petersilienblättchen (zum Garnieren)

ZUBEREITUNGSZEIT: 40 MINUTEN
BACKZEIT: 30 MINUTEN

Lamm-Kartoffel-Auflauf

1 Den Backofen auf 200 °C (Ober- und Unterhitze) vorheizen.

2 Das Fleisch waschen, trocken tupfen und in kleine Würfel schneiden. Die Zwiebel schälen und fein würfeln. Die Karotten schälen und in Scheiben schneiden. Den Sellerie schälen und würfeln. Den Lauch putzen, waschen und den dunkelgrünen Teil abschneiden. Den weißen und hellgrünen Teil in Ringe schneiden. Die Kartoffeln schälen und in dünne Scheiben schneiden oder hobeln.

3 Eine Auflaufform mit Butter einfetten. Zunächst den Boden der Form mit Kartoffeln bedecken. Dann die Kartoffeln mit etwas Majoran, Salz und Pfeffer würzen. Anschließend die Zwiebel, die Karotten, den Sellerie und den Lauch auf den Kartoffeln verteilen. Das Fleisch darübergeben und mit den Kartoffeln abschließen. Alles noch einmal mit Salz und Pfeffer würzen. Die Brühe angießen.

4 Den Auflauf mit einem Deckel oder Alufolie abdecken und im Backofen etwa 1 Stunde 30 Minuten garen. Dabei 20–30 Minuten vor Ende der Garzeit den Deckel abnehmen und die obere Kartoffelschicht bräunen lassen.

5 Den Lamm-Kartoffel-Auflauf aus dem Ofen nehmen und heiß servieren.

ZUTATEN FÜR 4 PERSONEN

500 g Lammfleisch (z. B. Nacken)

1 Zwiebel

2 Karotten

200 g Knollensellerie

1 Stange Lauch

600 g festkochende Kartoffeln

Butter (für die Form)

getrockneter Majoran

Meersalz

frisch gemahlener Pfeffer

750 ml Fleisch- oder Gemüsebrühe

ZUBEREITUNGSZEIT: 30 MINUTEN
BACKZEIT: 1 STUNDE 30 MINUTEN

Gratin

Kartoffelgratin
aus der Pfanne

ZUTATEN FÜR 4 PERSONEN

800 g festkochende Kartoffeln, mit Schale gegart und abgekühlt

1 Zwiebel

1 Knoblauchzehe

200 ml Milch

100 g Crème fraîche

Salz

frisch gemahlener Pfeffer

frisch geriebene Muskatnuss

100 g geräucherter Bauchspeck

160 g halbfester Schnittkäse (z. B. Reblochon)

ZUBEREITUNGSZEIT: 30 MINUTEN
GAR- UND BACKZEIT: 55 MINUTEN

1 Den Backofen auf 220 °C (Ober- und Unterhitze) vorheizen.

2 Die Kartoffeln schälen und der Länge nach halbieren, größere Exemplare vierteln.

3 Die Zwiebel sowie den Knoblauch schälen und fein hacken. Die Milch mit der Crème fraîche verrühren und mit Salz, Pfeffer sowie 1 Prise Muskat abschmecken.

4 Den Speck in kleine Würfel schneiden und in einer heißen ofenfesten Pfanne ohne Fett auslassen. Die Speckwürfel herausnehmen und auf Küchenpapier abtropfen lassen. Den Käse in dünne Scheiben schneiden.

5 Die Kartoffeln in die Pfanne geben, in der der Speck angebraten wurde, und bei mittlerer Hitze etwa 10 Minuten anbraten. Die Zwiebel und den Knoblauch dazugeben, kurz anschwitzen, dann den Speck untermischen.

6 Die Milchmischung über die Kartoffeln gießen. Den Käse darauf verteilen. Das Kartoffelgratin im vorgeheizten Ofen etwa 20 Minuten gratinieren, herausnehmen und sofort servieren.

TIPP

Passt Ihre Pfanne nicht in den Ofen, können Sie die Kartoffel-Speck-Mischung nach dem Anbraten auch in eine Gratinform füllen, mit der Milchmischung übergießen und dann in der Form im Ofen gratinieren.

Kürbis mit Bröselkruste

und marinierter Kürbis

ZUTATEN FÜR 4 PERSONEN

Für den Kürbis mit Bröselkruste:

900 g Kürbisfruchtfleisch (z. B. Hokkaido oder Butternuss)

1 Zwiebel

1 unbehandelte Orange

1 getrockneter Chili · ½ Bund Petersilie · 3 Zweige Thymian

1 Knoblauchzehe

Olivenöl (für die Form)

Salz · frisch gemahlener Pfeffer

50 g Käse (z. B. reifer Bergkäse), frisch gerieben

50 g Semmelbrösel

50 ml Olivenöl

ZUBEREITUNGSZEIT: 30 MINUTEN
BACKZEIT: 30 MINUTEN

Für den marinierten Kürbis:

etwa 1 kg Kürbis (z. B. Hokkaido oder Butternuss)

1 unbehandelte Zitrone

2–3 Knoblauchzehen

8 getrocknete, in Öl eingelegte Tomaten

1 Bund Rucola · 2 EL Olivenöl

Salz · frisch gemahlener Pfeffer

300 ml Gemüsebrühe

150 ml trockener Weißwein

2 EL weißer Balsamicoessig

1 EL Pinienkerne, geröstet

ZUBEREITUNGSZEIT: 40 MINUTEN
ZIEHZEIT: 12 STUNDEN

1 **Für den Kürbis mit Bröselkruste** den Backofen auf 200 °C (Ober- und Unterhitze) vorheizen.

2 Von dem Kürbisfruchtfleisch etwa 100 g fein raspeln, den Rest in dünne Scheiben schneiden. Die Zwiebel schälen und fein würfeln. Die Orange waschen, abtrocknen und die Schale fein abreiben. Die Filets aus den Trennhäuten lösen und das Fruchtfleisch klein würfeln.

3 Den Chili in einem Mörser fein zerstoßen. Die Petersilie und den Thymian waschen, trocken tupfen, die Blättchen abzupfen und fein hacken. Den Knoblauch schälen und ebenfalls sehr fein hacken. Den Chili, die Petersilie, den Thymian, den Knoblauch und die Zwiebel mit den Orangenwürfeln und der Orangenschale mischen.

4 Eine Auflaufform mit Öl einpinseln. Den Kürbis dachziegelartig in die Form schichten, mit Salz und Pfeffer würzen. Die Orangenmischung darübergeben. Den Käse, die Brösel, die Kürbisraspel und das Öl zu einer Paste mischen, mit Salz und Pfeffer würzen und über dem Kürbis verteilen.

5 Den Kürbis im Ofen 20–30 Minuten hellbraun gratinieren, aus dem Ofen nehmen und heiß servieren.

1 **Für den marinierten Kürbis** den Kürbis halbieren und die Kerne entfernen. Die Hälften in 0,5 cm dicke Scheiben schneiden und schälen. Es soll etwa 700 g Fruchtfleisch ergeben.

2 Die Zitrone waschen und abtrocknen. Die Schale entweder mit einem Zestenreißer abschaben, oder sehr dünn mit einem scharfen Messer abschälen und in dünne Streifen schneiden. Die Zitrone auspressen. Den Knoblauch schälen und in Scheiben hobeln. Die Tomaten abtropfen lassen und in Streifen schneiden. Den Rucola putzen und waschen.

3 Das Öl in einer Pfanne erhitzen. Die Kürbisscheiben darin kurz anbraten und mit Salz sowie Pfeffer würzen. Die Kürbisscheiben in eine Schüssel geben. Den Zitronensaft, die Zitronenschale, die Brühe, den Wein und den Essig in die Pfanne geben und den Bratensatz loskochen. Die Marinade mit Salz und Pfeffer abschmecken.

4 Die Marinade über die Kürbisscheiben gießen. Den Knoblauch, die Tomaten und die Pinienkernen darüber verteilen. Die Schüssel abdecken und den Kürbis über Nacht marinieren.

Rosenkohlgratin

1 Den Backofen auf 180 °C (Umluft) vorheizen.

2 Den Rosenkohl putzen. Die äußeren Blätter entfernen, den Strunk etwas kürzen und kreuzweise einschneiden.

3 Den Rosenkohl etwa 10 Minuten in Salzwasser bissfest garen, abgießen, mit kaltem Wasser abschrecken und abtropfen lassen. Die Tomaten waschen, halbieren, die Samen entfernen und das Fruchtfleisch in Stücke schneiden.

4 4 flache Auflaufförmchen mit Butter einfetten. Den Rosenkohl und die Tomatenwürfel darin verteilen.

5 Die Butter in einem Topf erhitzen. Das Mehl darüberstäuben und anschwitzen. Die Milch unter Rühren nach und nach angießen. Die Sauce unter Rühren aufkochen lassen, dann den Topf von der Herdplatte ziehen und den Käse untermischen. Zum Schluss die Sauce mit Salz, Pfeffer und Chili abschmecken.

6 Die Sauce über dem Rosenkohl in den Förmchen verteilen. Das Rosenkohlgratin im Backofen 20–25 Minuten gratinieren, herausnehmen und sofort servieren.

ZUTATEN FÜR 4–6 PERSONEN

800 g Rosenkohl

Salz

4 reife Tomaten

Butter (für die Förmchen)

2 EL Butter

2 EL Mehl

400 ml Milch

120 g Käse (z. B. Greyerzer), frisch gerieben

frisch gemahlener Pfeffer

1 Msp. Chilipulver

ZUBEREITUNGSZEIT: 50 MINUTEN
GAR- UND BACKZEIT: 35 MINUTEN

Gratinierter grüner Spargel
mit Schafskäse

1 Den Spargel am Stangenende schälen. Die Stangen halbieren und in kochendem Wasser mit dem Zucker etwa 5 Minuten blanchieren. Der Spargel soll noch gut bissfest sein, denn er gart im Backofen nach. Den Spargel abgießen, mit kaltem Wasser abschrecken und gut abtropfen lassen.

2 Den Backofen auf 200 °C (Ober- und Unterhitze) vorheizen.

3 Die Zwiebel schälen und in schmale Streifen schneiden. Das Öl in einer Pfanne erhitzen und darin die Zwiebel glasig anschwitzen.

4 Eine Gratinform oder ein kleines Blech mit Butter einfetten. Die Zwiebel und den Spargel darauf verteilen.

5 Die Sahne mit den Eiern verquirlen, mit Salz, Pfeffer und wenig Muskat würzen. Die Eiersahne über den Spargel gießen.

6 Den Schafskäse zerbröckeln und über das Gratin streuen. Den Hartkäse mit den Semmelbröseln mischen und die Butter unterrühren. Alles mit den Fingerspitzen zu Streuseln verkneten. Die Streusel über dem Spargel verteilen.

7 Den Spargel im Ofen etwa 15 Minuten gratinieren, herausnehmen und sofort servieren.

ZUTATEN FÜR 4 PERSONEN

2 Bund grüner Spargel · 1 EL Zucker

1 Zwiebel

1 EL Pflanzenöl

Butter (für die Form)

80 ml Sahne (mindestens 30 % Fett)

2 Eier

Salz · frisch gemahlener Pfeffer

frisch geriebene Muskatnuss

200 g Schafskäse

2 EL frisch geriebener Hartkäse
(z. B. Parmesan)

2 EL Semmelbrösel

2 EL zerlassene Butter

ZUBEREITUNGSZEIT: 40 MINUTEN
GAR- UND BACKZEIT: 20 MINUTEN

Fenchel und Apfel
mit Streuseln gratiniert

ZUTATEN FÜR 4 PERSONEN

3 rotschalige Äpfel

2–3 EL Zitronensaft

2–3 Fenchelknollen, mit Grün

Salz

6 EL ensteinte schwarze Oliven

130 g Butter

180 g gemahlene Mandeln

1 EL frisch gehackter Thymian

150 ml trockener Weißwein

ZUBEREITUNGSZEIT: 30 MINUTEN
GAR- UND BACKZEIT: 30 MINUTEN

1 Den Backofen auf 200 °C (Ober- und Unterhitze) vorheizen.

2 Die Äpfel waschen, vierteln, das Kerngehäuse entfernen und die Viertel in schmale Spalten schneiden. Die Apfelspalten mit Zitronensaft beträufeln.

3 Den Fenchel putzen, waschen und in Spalten schneiden. Das Fenchelgrün beiseitelegen. Die Fenchelspalten in kochendem Salzwasser etwa 5 Minuten blanchieren. Den Fenchel herausnehmen, mit kaltem Wasser abschrecken und gut abtropfen lassen.

4 Die Oliven abtropfen lassen. Die Butter mit den Mandeln, 1 Prise Salz und dem Thymian zu Streuseln verarbeiten.

5 Die Apfelspalten mit dem Fenchel dachziegelartig in eine Auflaufform schichten. Den Wein angießen. Das Fenchelgrün in kleine Stücke zupfen und mit den Oliven über dem Fenchel und den Apfelspalten verteilen. Die Streusel darüberstreuen.

6 Das Gratin im Ofen 20–25 Minuten goldbraun überbacken, herausnehmen und sofort servieren.

Kartoffel-Apfel-Gratin
mit Sellerie

ZUTATEN FÜR 4 PERSONEN

Für das Gratin:

Olivenöl (für die Form)

400 g vorwiegend festkochende Kartoffeln

2 Äpfel

200 g Knollensellerie

Saft von ½ Zitrone

200 g Frischkäse

200 ml Milch

1 EL frisch gehackter Rosmarin

Salz

frisch gemahlener Pfeffer

Für die Brösel:

75 g Schwarzbrot (vom Vortag)

75 g Butter

75 g Haferflocken

50 g Mehl

ZUBEREITUNGSZEIT: 30 MINUTEN
BACKZEIT: 45 MIUNTEN

1 Den Ofen auf 180 °C (Umluft) vorheizen.

2 Eine Auflaufform mit Öl einpinseln. Die Kartoffeln schälen und in dünne Scheiben schneiden oder hobeln. Die Äpfel waschen, vierteln und das Kerngehäuse entfernen. Die Viertel in Spalten schneiden. Den Sellerie schälen und ebenfalls in Scheiben schneiden. Die Scheiben bei Bedarf halbieren oder vierteln.

3 Die Kartoffeln, die Äpfel und den Sellerie abwechselnd dachziegelartig in die Auflaufform schichten und sofort mit Zitronensaft beträufeln.

4 Den Frischkäse mit der Milch und dem Rosmarin glatt rühren, dann mit Salz und Pfeffer kräftig würzen. Die Frischkäsemischung auf dem Apfel-Gemüse verteilen. Alles im Ofen etwa 45 Minuten backen.

5 Für die Brösel das Schwarzbrot zerkrümeln. Die Butter in einem kleinen Topf zerlassen. Die Brotkrümel mit den Haferflocken und dem Mehl unter die geschmolzene Butter mengen und etwa 15 Minuten vor Ende der Backzeit auf dem Gratin verteilen.

6 Das Kartoffel-Apfel-Gratin knusprig goldbraun überbacken, herausnehmen und in Stücke geschnitten servieren.

TIPP

Soll das Gratin schneller fertig werden, dann können Sie die Kartoffel- und Selleriescheiben in kochendem Salzwasser einige Minuten vorgaren. Dadurch verringert sich die Backzeit um etwa 20 Minuten. Die Brösel sollten Sie dann schon am Anfang der Backzeit auf das Gratin geben.

Kürbisgratin

ZUTATEN FÜR 4 PERSONEN

etwa 1 kg Kürbis (z. B. Hokkaido
oder Butternuss)

1 Bund Frühlingszwiebeln

2 Knoblauchzehen

1 EL Olivenöl

3 EL Butter

Salz

frisch gemahlener Pfeffer

1 Msp. gemahlener Sternanis

1 Msp. Zimt

1 Msp. gemahlene Fenchelsamen

1 Msp. Nelkenpulver

250 ml Milch

2–3 EL Mehl

1 Msp. Currypulver

150 g Käse (z. B. Greyerzer)

3 Eier

Butter (für die Form)

ZUBEREITUNGSZEIT: 45 MINUTEN
GAR- UND BACKZEIT: 1 STUNDE

1 Den Kürbis halbieren, schälen, die Kerne entfernen und das Fruchtfleisch in Würfel schneiden. Es soll etwa 700 g Fruchtfleisch ergeben. Die Frühlingszwiebeln waschen und samt dem grünen Teil hacken. Den Knoblauch schälen und ebenfalls hacken.

2 Das Öl und 1 Esslöffel Butter in einem Topf erhitzen. Die Zwiebeln und den Knoblauch darin glasig anschwitzen. Den Kürbis dazugeben und kurz anbraten. Anschließend alles mit Salz, Pfeffer, Sternanis, Zimt, Fenchel und Nelken würzen. Den Kürbis zugedeckt 20–25 Minuten bei niedriger Hitze weich garen.

3 Den Backofen auf 180 °C (Ober- und Unterhitze) vorheizen.

4 In der Zwischenzeit die Milch erhitzen. Die restliche Butter in einem Topf zerlassen. Das Mehl dazugeben und kurz unter Rühren anschwitzen. Nach und nach die heiße Milch kräftig einrühren. Die Sauce etwa 5 Minuten bei niedriger Hitze köcheln lassen, dann mit Salz, Pfeffer und Curry abschmecken.

5 Den Käse reiben. Den Kürbis im Topf mit einer Gabel zerdrücken. Die Eier verquirlen. Das Kürbispüree mit der Sauce, 100 g Käse und den Eiern gründlich vermischen.

6 Eine Auflaufform mit Butter einfetten. Die Kürbismasse in die Form füllen und mit dem restlichen Käse bestreuen. Das Gratin im Backofen etwa 40 Minuten goldbraun überbacken.

Gratinierter Wirsing
mit Salbei und Pilzen

ZUTATEN FÜR 4 PERSONEN

1 kleiner Wirsing

Salz

Butter (für die Form)

400 g gemischte Pilze
(z. B. Austernpilze, Pfifferlinge,
Steinpilze)

1 Knoblauchzehe

2 EL Olivenöl

1 EL frisch gehackter Salbei

frisch gemahlener Pfeffer

150 ml trockener Weißwein

120 g Käse (z. B. Bergkäse)

ZUBEREITUNGSZEIT: 30 MINUTEN
GAR- UND BACKZEIT: 25 MINUTEN

1 Den Backofen auf 200 °C (Ober- und Unterhitze) vorheizen.

2 Den Wirsing halbieren. Die äußeren Blätter entfernen und den Wirsing in schmale Spalten schneiden, dabei den Strunk nicht entfernen. Die Wirsingspalten in kochendem Salzwasser etwa 8 Minuten blanchieren, herausnehmen, mit kaltem Wasser abschrecken und gut abtropfen lassen.

3 Eine Auflaufform mit Butter einfetten und die Wirsingspalten nebeneinander hineinlegen.

4 Die Pilze bei Bedarf putzen und klein schneiden. Den Knoblauch schälen und fein hacken. In einer Pfanne das Öl erhitzen und die Pilze mit dem Knoblauch darin anbraten. Den Salbei untermischen, alles mit Salz und Pfeffer würzen, dann mit dem Wein ablöschen. Die Pfanne vom Herd ziehen und die Pilze kurz abkühlen lassen.

5 Den Käse reiben. Die Pilzmischung über dem Wirsing verteilen, dann mit dem Käse bestreuen. Alles im Ofen etwa 15 Minuten goldbraun gratinieren, herausnehmen und sofort servieren.

TIPP

Garen Sie die Wirsingblätter vor dem Gratinieren vor, sonst werden sie zäh und bitter.

Rote-Bete-Kartoffel-Gratin
mit Äpfeln

ZUTATEN FÜR 4–6 PERSONEN

400 g kleine Rote-Bete-Knollen

½ Stange Zimt

½ TL Fenchelsamen

1 ½ Stangen Süßholz

Salz

400 g festkochende Kartoffeln

2 Äpfel

Zitronensaft

Butter (für die Form)

200 g Crème fraîche

frisch gemahlener Pfeffer

3 EL Kürbiskerne

VORBEREITUNGSZEIT: 30 MINUTEN
GAR- UND BACKZEIT: 1 STUNDE

1 Die Rote Bete waschen, in einen kleinen Topf geben und knapp mit Wasser bedecken. Die Zimtstange mit den Fenchelsamen, dem Süßholz und ½ Teelöffel Salz dazugeben. Alles zum Kochen bringen. Die Rote Bete bei mittlerer Hitze 40 Minuten weich garen.

2 Die Kartoffeln waschen und in kochendem Salzwasser etwa 25 Minuten garen.

3 In der Zwischenzeit die Äpfel waschen, trocken reiben, mit einem Apfelausstecher das Kerngehäuse entfernen und die Äpfel in schmale Scheiben schneiden. Die Scheiben sofort mit etwas Zitronensaft beträufeln.

4 Den Backofen auf 200 °C (Ober- und Unterhitze) vorheizen.

5 Die Rote Bete und die Kartoffeln abgießen und ausdampfen lassen, anschließend schälen, dann abkühlen lassen.

6 Eine Auflaufform mit Butter einfetten. Die Rote Bete und die Kartoffeln in Scheiben schneiden und mit den Apfelscheiben dachziegelartig in die Form schichten.

7 Die Crème fraîche mit etwas Salz sowie Pfeffer verrühren und in Tupfen über die Obst- und Gemüsescheiben verteilen.

8 Das Gratin mit den Kürbiskernen bestreuen, im Ofen etwa 20 Minuten goldbraun gratinieren, herausnehmen und sofort servieren.

Zucchinigratin

1 Den Backofen auf 200 °C (Ober- und Unterhitze) vorheizen.

2 Die Zucchini putzen, waschen und in schmale Scheiben schneiden. Die Kartoffeln schälen, waschen und ebenfalls in schmale Scheiben schneiden oder hobeln. Die Pilze putzen, bei Bedarf vorsichtig abreiben, dann in schmale Scheiben schneiden.

3 Eine Auflaufform mit Butter einfetten. Die Kartoffelscheiben, die Pilze und die Zucchinischeiben dachziegelartig in die Form schichten.

4 Den Knoblauch schälen, hacken und mit Ajvar, der Milch und der Sahne verrühren, mit Salz und Pfeffer würzen. Die Sauce über das Gemüse gießen.

5 Das Zucchinigratin mit Petersilie bestreuen und im Ofen etwa 45 Minuten gratinieren, anschließend herausnehmen und sofort servieren.

ZUTATEN FÜR 4 PERSONEN

400 g Zucchini

400 g festkochende Kartoffeln

200 g Champignons

Butter (für die Form)

2 Knoblauchzehen

4 EL Ajvar (Paprikapaste; aus dem Glas)

200 ml Milch

100 ml Sahne (mindestens 30 % Fett)

Salz

frisch gemahlener Pfeffer

2 EL frisch gehackte Petersilie

ZUBEREITUNGSZEIT: 35 MINUTEN
BACKZEIT: 45 MINUTEN

Gratinierte Kartoffeln
mit Tomaten, Zwiebeln und Speck

ZUTATEN FÜR 4 PERSONEN

600 g mehligkochende Kartoffeln

Salz

5 Tomaten

3 Zwiebeln

150 g halbfester Schnittkäse
(z. B. Gouda)

½ Bund Petersilie
(zum Garnieren)

Butter (für die Form)

400 ml Gemüsebrühe

frisch gemahlener Pfeffer

100 g durchwachsener Speck,
in Scheiben

ZUBEREITUNGSZEIT: 45 MINUTEN
GAR- UND BACKZEIT: 45 MINUTEN

1 Den Backofen auf 200 °C (Ober- und Unterhitze) vorheizen.

2 Die Kartoffeln schälen, in 3–4 mm breite Scheiben schneiden oder hobeln. Die Kartoffelscheiben in kochendem Salzwasser etwa 5 Minuten blanchieren, abgießen und abtropfen lassen. Die Tomaten waschen, den Stielansatz entfernen und die Tomaten in Scheiben schneiden.

3 Die Zwiebeln schälen und fein würfeln. Den Käse grob reiben. Die Petersilie waschen, trocken tupfen, die Blättchen abzupfen und hacken.

4 Eine runde Auflaufform mit Butter einfetten und die Zwiebeln auf den Boden der Form streuen. Die Kartoffeln und die Tomaten dachziegelartig in die Form schichten und mit der Hand leicht flach drücken. Die Brühe mit Salz und Pfeffer kräftig abschmecken und über die Kartoffeln und die Tomaten gießen.

5 Das Gratin im Ofen 20–25 Minuten backen. Anschließend das Gratin mit Käse bestreuen und mit den Speckscheiben belegen.

6 Die Temperatur des Ofens auf 225 °C erhöhen. Das Gratin 10–15 Minuten goldbraun gratinieren, dann herausnehmen und mit Petersilie bestreut servieren.

TIPP

Die Kartoffelscheiben müssen Sie dünn hobeln, ansonsten werden sie nicht gar. Das Blanchieren trägt auch dazu bei, dass die Kartoffeln weich werden. Wenn Sie auf Nummer sicher gehen wollen, können Sie gekochte Kartoffeln verwenden.

Chicoréegratin
mit Schinken

ZUTATEN FÜR 4–6 PERSONEN

6 Chicorée

Salz

Butter (für die Form)

8 Scheiben Schinkenspeck

30 g Butter

30 g Mehl

350–400 ml Milch

frisch gemahlener Pfeffer

frisch geriebene Muskatnuss

100 g Käse (z. B. Bergkäse), frisch gerieben

2 EL in Streifen geschnittene Petersilie
(zum Garnieren)

ZUBEREITUNGSZEIT: 30 MINUTEN
GAR- UND BACKZEIT: 30 MINUTEN

1 Den Backofen auf 200 °C (Ober- und Unterhitze) vorheizen.

2 Den Chicorée putzen, waschen und der Länge nach vierteln. Die Viertel vom Strunk befreien und in kochendem Salzwasser 1–2 Minuten blanchieren. Den Chicorée anschließend herausnehmen, mit kaltem Wasser abschrecken, dann gut abtropfen lassen.

3 Eine Auflaufform mit Butter einfetten und die Chicoréeviertel hineinlegen.

4 Den Speck in schmale Streifen schneiden, in einer Pfanne ohne Fett auslassen und leicht knusprig braten. Den Speck auf Küchenpapier abtropfen lassen, dann auf dem Chicorée verteilen.

5 Die Butter in einem Topf zerlassen. Das Mehl einstreuen und leicht anschwitzen. Die Milch einrühren. Die Sauce unter Rühren bei mittlerer Hitze etwa 5 Minuten einköcheln lassen, dann mit Salz, Pfeffer und Muskat abschmecken.

6 Die Sauce über den Chicorée gießen und den Käse darüberstreuen. Das Chicoréegratin 20–25 Minuten im Ofen gratinieren, herausnehmen und mit Petersilie bestreut servieren.

Gratinierte Spätzle

1 Das Mehl mit den Eiern, Muskat und etwas Salz in einer Schüssel zu einem glatten Teig verarbeiten. Soviel Wasser zufügen, bis der Teig schwer und zähflüssig von einem Löffel fällt. Den Spätzleteig 30 Minuten quellen lassen.

2 Die Schalotten schälen, halbieren und in dünne Streifen schneiden. Den Apfel waschen, vierteln, vom Kerngehäuse befreien und die Viertel in Scheiben schneiden. Den Käse fein reiben.

3 In einem großen Topf reichlich Salzwasser zum Kochen bringen. Gegebenenfalls noch etwas Wasser in den Teig einrühren, anschließend den Teig mit einem Spätzlehobel portionsweise in das kochende Salzwasser hobeln oder vom Brett schaben. Die Spätzle 1–2 Minuten ziehen lassen. Die Spätzle sind gar, wenn sie an die Oberfläche kommen.

4 Den Ofen auf 200 °C (Umluft) vorheizen.

5 Die Spätzle mit einem Schaumlöffel aus dem Wasser nehmen, in einer Schüssel mit kaltem Wasser abschrecken, dann gut abtropfen lassen.

6 Die Butter in einer Pfanne erhitzen und die Spätzle darin kurz schwenken. Dann die Spätzle abwechselnd mit den Schalotten, den Apfelscheiben und zwei Drittel vom Käse schichtweise in eine Auflaufform (oder in 4 kleinere Formen) geben.

7 Die Sahne mit der Gemüsebrühe und den Eiern verquirlen, mit Salz und Pfeffer würzen. Den Schnittlauch dazugeben und die Eiersahne über die Spätzle gießen.

8 Das Spätzlegratin mit dem restlichen Käse bestreuen, im Ofen etwa 25 Minuten gratinieren und mit Meerrettich garniert servieren.

ZUTATEN FÜR 4 PERSONEN

400 g Mehl · 5 Eier · frisch geriebene Muskatnuss · Salz

2 Schalotten · 1 säuerlicher Apfel (z. B. Granny Smith) · 150 g Käse (z. B. Emmentaler)

2 EL Butter · 200 ml Sahne (mindestens 30 % Fett)

100 ml Gemüsebrühe · 2 Eier · frisch gemahlener Pfeffer · 2 EL Schnittlauchröllchen

1 EL frisch geriebener Meerrettich (zum Garnieren)

ZUBEREITUNGSZEIT: 30 MINUTEN
QUELLZEIT: 30 MINUTEN
GAR- UND BACKZEIT: 30 MINUTEN

TIPP

Aufläufe und Gratins sind bestens für die Resteverwertung geeignet. Sind also noch Spätzle vom Sonntagsessen übrig, können Sie daraus dieses leckere Gratin zubereiten.

Steinpilzgratin
mit Rindersteak

ZUTATEN FÜR 4 PERSONEN

Für das Gratin:

500 g festkochende Kartoffeln

350 g Steinpilze

Butter (für die Form)

1 Knoblauchzehe

etwa 350 ml Sahne
(mindestens 30 % Fett)

Salz

frisch gemahlener Pfeffer

frisch geriebene Muskatnuss

Für die Steaks:

4 Rindersteaks (à etwa 180 g),
von Sehnen befreit

Salz

frisch gemahlener Pfeffer

2 EL Pflanzenöl

100 ml trockener Rotwein

150 ml Sahne
(mindestens 30 % Fett)

1 Zweig Rosmarin

Speisestärke (nach Belieben zum
Abbinden der Sauce)

ZUBEREITUNGSZEIT: 30 MINUTEN
BACKZEIT GRATIN: 40 MINUTEN
GARZEIT STEAK: 15 MINUTEN

1 Den Backofen auf 190 °C (Ober- und Unterhitze) vorheizen.

2 Die Kartoffeln schälen, waschen und in dünne Scheiben schneiden oder hobeln. Die Pilze putzen und längs in schmale Scheiben schneiden.

3 Eine Gratinform mit Butter einfetten. Den Knoblauch schälen, andrücken und damit die Form ausreiben. Die Kartoffelscheiben mit den Pilzen abwechselnd einschichten, dabei mit den Pilzen abschließen.

4 Die Sahne mit Salz, Pfeffer und Muskat würzen. Die Sahne über das Steinpilzgratin gießen und alles im Ofen etwa 40 Minuten überbacken.

5 In der Zwischenzeit für die Steaks das Fleisch waschen, trocken tupfen und mit Salz sowie Pfeffer würzen. In einer heißen Pfanne das Öl erhitzen und die Steaks bei hoher Hitze rundherum scharf anbraten. Das Fleisch anschließend herausnehmen und in Alufolie gewickelt einige Minuten ruhen lassen.

6 Den Bratensatz in der Pfanne mit dem Rotwein ablöschen. Die Sahne angießen, den Rosmarinzweig einlegen und alles bei mittlerer Hitze etwa 8 Minuten einköcheln lassen. Die Sauce durch ein Sieb passieren, mit Salz und Pfeffer abschmecken, nach Belieben mit Speisestärke abbinden.

7 Das Gratin mit den Rindersteaks auf vorgewärmten Tellern anrichten und mit der Sauce beträufelt servieren.

TIPP

Für ein rosa Medium-Steak braten Sie das Fleisch etwa 3 Minuten von jeder Seite an. Soll es durch sein, reduzieren Sie anschließend die Hitze und lassen das Fleisch noch etwa 2 Minuten von jeder Seite weiterbraten. Doch so kann das Fleisch schnell zäh werden. Braten Sie die Steaks lieber kurz an und legen Sie sie bei Bedarf nach der Ruhezeit wieder bei mittlerer Hitze in die Pfanne.

Gratin aus Teltower Rüben

1 Den Backofen auf 200 °C (Ober- und Unterhitze) vorheizen.

2 Die Rüben sowie die Kartoffeln schälen, waschen und in schmale Scheiben schneiden oder hobeln.

3 Eine Gratinform mit Butter einfetten. Den Knoblauch schälen, andrücken und damit die Form ausreiben. Die Rüben und die Kartoffeln dachziegelartig in die Form schichten.

4 Von der Sahne 2–3 Esslöffel leicht steif schlagen und mit dem Meerrettich verrühren. Den Sahnemeerrettich mit der restlichen Sahne verrühren, mit Salz, Pfeffer und Muskat würzen. Die Sahne über die Rüben und die Kartoffeln gießen.

5 Das Gratin mit Käse bestreuen und 35–40 Minuten im Ofen gratinieren. Das fertige Gratin aus dem Ofen nehmen und sofort servieren.

ZUTATEN FÜR 4–6 PERSONEN

400 g Teltower Rüben

400 g festkochende Kartoffeln

Butter (für die Form) · 1 Knoblauchzehe

350 ml Sahne (mindestens 30 % Fett)

1 EL frisch geriebener Meerrettich

Salz · frisch gemahlener Pfeffer · frisch gemahlene Muskatnuss

100 g Käse (z. B. Emmentaler), frisch gerieben

ZURBEREITUNGSZEIT: 30 MINUTEN
BACKZEIT: 40 MINUTEN

TIPP

Statt den Teltower Rüben können Sie natürlich auch andere Rübensorten verwenden, z. B. Steckrüben oder Navetten – ganz nach Geschmack.

Käse-Brot-Gratin
mit Salat

1 Den Backofen auf 200 °C (Ober- und Unterhitze) vorheizen.

2 Den Käse in schmale Scheiben schneiden und mit den
Brotscheiben dachziegelartig in eine Auflaufform schichten.
Beides im Ofen 15–20 Minuten goldbraun gratinieren.

3 Den Speck in einer heiße Pfanne mit etwas Öl auslassen
und knusprig braten.

4 Den Salat putzen, waschen und trocken schleudern. Bei
Bedarf die Salatblätter in mundgerechte Stücke zupfen.

5 Den Essig mit dem Öl zu einer Vinaigrette verrühren und
mit Salz und Pfeffer abschmecken.

6 Den Salat auf Teller verteilen und mit der Vinaigrette beträufeln. 1 Stück vom Brotgratin daneben anrichten und mit
1 Scheibe Speck garniert servieren.

ZUTATEN FÜR 4 PERSONEN

Für das Gratin:

300 g halbfester Schnittkäse (z. B. Reblochon)

6 Scheiben Bauernbrot, halbiert

4 Scheiben durchwachsener Speck
(zum Garnieren)

Olivenöl (für den Speck)

Für den Salat:

150 g gemischter Blattsalat (z. B. Eichblattsalat,
Radicchio, Lollo rosso)

2 EL Weißweinessig

4 EL Olivenöl

Salz

frisch gemahlener Pfeffer

ZUBEREITUNGSZEIT: 30 MINUTEN
BACKZEIT: 20 MINUTEN

Kartoffel-Speck-Gratin
mit Rindersteak

ZUTATEN FÜR 4 PERSONEN

Für das Gratin:

Butter (für die Förmchen)

1 Knoblauchzehe

120 g durchwachsener Speck, in Scheiben

600 g festkochende Kartoffeln

2 Zweige Rosmarin

250 ml Sahne (mindestens 30 % Fett)

Salz

frisch gemahlener Pfeffer

frisch geriebene Muskatnuss

Für die Steaks:

4 Rindersteaks (à etwa 160 g), von Sehnen befreit

Salz

frisch gemahlener Pfeffer

2 EL Pflanzenöl

ZUBEREITUNGSZEIT: 30 MINUTEN
BACKZEIT GRATIN: 30 MINUTEN
GARZEIT STEAK: 15 MINUTEN

1 Den Backofen auf 180 °C (Ober- und Unterhitze) vorheizen.

2 4 kleine ofenfeste Förmchen mit Butter einfetten. Den Knoblauch schälen, andrücken und die Förmchen damit ausreiben.

3 Den Speck in 4 cm lange Stücke schneiden. Die Kartoffeln schälen, waschen und in dünne Scheiben schneiden oder hobeln. Den Rosmarin waschen, trocken tupfen und von 1 Zweig die Nadeln abzupfen. Den anderen Zweig ganz lassen.

4 Die Kartoffeln mit dem Speck auf die Förmchen verteilen.

5 Die Sahne mit Salz, Pfeffer und Muskat würzen. Die Rosmarinnadeln einrühren. Die Sahne über die Kartoffeln sowie den Speck gießen und das Kartoffel-Speck-Gratin im Ofen 25–30 Minuten gratinieren.

6 In der Zwischenzeit das Fleisch waschen, trocken tupfen und mit Salz sowie Pfeffer würzen. Das Öl in einer Pfanne erhitzen, den übrigen Rosmarinzweig dazugeben und die Steaks in der Pfanne bei hoher Hitze von jeder Seite etwa 3 Minuten scharf anbraten. Die Steaks herausnehmen und in Alufolie gewickelt einige Minuten ruhen lassen.

7 Das Gratin aus dem Ofen nehmen. Die Steaks auf vorgewärmten Tellern anrichten und mit dem Kartoffel-Speck-Gratin servieren.

TIPP

Für ein rosa Medium-Steak braten Sie das Fleisch etwa 3 Minuten von jeder Seite an. Soll es durch sein, reduzieren Sie anschließend die Hitze und lassen das Fleisch noch etwa 2 Minuten von jeder Seite weiterbraten. Doch so kann das Fleisch schnell zäh werden. Braten Sie die Steaks lieber kurz an und legen Sie sie bei Bedarf nach der Ruhezeit wieder bei mittlere Hitze in die Pfanne.

Muschelgratin

ZUTATEN FÜR 4 PERSONEN

3 kg Miesmuscheln

Salz

Butter (für die Förmchen)

5 Eier

350 ml Sahne
(mindestens 30 % Fett)

200 g Ricotta

100 g Hartkäse (z. B. Parmesan),
frisch gerieben

1 Döschen Safranfäden
(etwa 1 g)

frisch gemahlener Pfeffer

einige Zweige Dill
(zum Garnieren)

ZUBEREITUNGSZEIT: 30 MINUTEN
GAR- UND BACKZEIT: 30 MINUTEN

1 Den Backofen auf 200 °C (Ober-und Unterhitze) vorheizen.

2 Die Muscheln gründlich mit kaltem Wasser waschen und den Bart entfernen. Geöffnete Muscheln, die sich nicht mehr schließen, wegwerfen. Einen Topf 2–3 cm hoch mit Salzwasser füllen und das Wasser aufkochen lassen. Die Muscheln darin zugedeckt etwa 5 Minuten kochen, bis alle Muscheln geöffnet sind, geschlossene wegwerfen.

3 4 kleine Förmchen mit Butter einfetten. Das Muschelfleisch aus den Schalen lösen und auf die Förmchen verteilen.

4 Die Eier mit der Sahne, dem Ricotta, dem Käse und dem Safran verrühren und mit Salz sowie Pfeffer würzen. Die Eimischung über die Muscheln geben.

5 Das Muschelgratin im Ofen 20–25 Minuten gratinieren. Den Dill waschen, trocken tupfen und nach Belieben die Spitzen abzupfen. Das Muschelgratin aus dem Ofen nehmen und mit Dill garniert servieren.

Kartoffel-Lachs-Gratin
mit Frühlingszwiebeln

1 Den Backofen auf 200 °C (Ober-und Unterhitze) vorheizen.

2 Den Lachs waschen, trocken tupfen und in mundgerechte Würfel schneiden. Die Frühlingszwiebeln putzen, waschen und in Streifen schneiden. Die Kartoffeln schälen, waschen und grob raspeln.

3 Die Sahne mit den Eiern verrühren und mit Salz, Pfeffer sowie Muskat würzen.

4 Die Lachswürfel mit der Eiersahne, den Kartoffelraspel und den Frühlingszwiebeln vermengen.

5 Eine Auflaufform mit Butter einfetten und die Lachsmischung hineingeben.

6 Das Gratin mit dem Käse bestreuen und im Ofen etwa 25 Minuten goldbraun gratinieren, herausnehmen und sofort servieren.

ZUTATEN FÜR 4–6 PERSONEN

600 g Lachsfilet, ohne Haut

3 Frühlingszwiebeln

500 g Kartoffeln

200 ml Sahne (mindestens 30 % Fett)

2 Eier

Salz

frisch gemahlener Pfeffer

frisch geriebene Muskatnuss

Butter (für die Form)

75 g Käse (z. B. Emmentaler), frisch gerieben

VORBEREITUNGSZEIT: 30 MINUTEN
BACKZEIT: 25 MINUTEN

Lachsgratin
mit Brokkoli und Weizenkörnern

1 Den Backofen auf 190 °C (Ober- und Unterhitze) vorheizen.

2 Den Lachs in schmale Streifen schneiden. Den Weizen nach Packungsangabe etwa 35 Minuten in kochendem Salzwasser garen.

3 In der Zwischenzeit den Brokkoli putzen, waschen und in Röschen teilen. Die Röschen in kochendem Salzwasser etwa 10 Minuten blanchieren. Den Brokkoli abgießen, mit kaltem Wasser abschrecken und gut abtropfen lassen.

4 Den Weizen abgießen, abtropfen lassen und mit dem Lachs sowie dem Brokkoli mischen.

5 Eine Auflaufform mit Butter einfetten und die Lachs-Brokkoli-Mischung hineingeben. Mit Salz, Pfeffer und 1 Prise Muskat würzen. Den Sauerrahm darüberträufeln.

6 Das Brokkoligratin mit dem Käse bestreuen und etwa 15 Minuten im Ofen gratinieren, herausnehmen und sofort servieren.

ZUTATEN FÜR 4 PERSONEN

300 g Räucherlachs, in Scheiben

250 g Zartweizen

Salz

600 g Brokkoli

Butter (für die Form)

frisch gemahlener Pfeffer

frisch geriebene Muskatnuss

6 EL Sauerrahm

140 g Käse (z. B. Greyerzer), frisch gerieben

ZUBEREITUNGSZEIT: 30 MINUTEN
GAR- UND BACKZEIT: 50 MINUTEN

Überbackenes

Gefüllte Kohlrabi

ZUTATEN FÜR 4 PERSONEN

60 g Zartweizen

4 große Kohlrabi

1 Zwiebel

1 Karotte

4 EL Crème fraîche

6 EL frisch geriebener Käse
(z. B. Greyerzer)

Salz

frisch gemahlener Pfeffer

etwa 350 ml Gemüsebrühe

ZUBEREITUNGSZEIT: 30 MINUTEN
EINWEICHZEIT: 12 STUNDEN
BACKZEIT: 40 MINUTEN

1 Den Ofen auf 160 °C (Ober- und Unterhitze) vorheizen.

2 Den Weizen über Nacht in Wasser einweichen.

3 Die Kohlrabi putzen und schälen. Das junge Grün beiseitelegen. Das obere Viertel der Knollen abschneiden und die Kohlrabi aushöhlen. Dabei einen 1 cm breiten Rand stehen lassen. Das Kohlrabiinnere fein würfeln.

4 Die Zwiebel und die Karotte schälen und fein würfeln.

5 Die Weizenkörner abgießen, dann mit der Karotte, der Zwiebel, der Hälfte von dem gewürfelten Kohlrabi, der Crème fraîche und der Hälfte vom Käse vermengen und mit Salz sowie Pfeffer würzen. Die Mischung in die ausgehöhlten Kohlrabi füllen.

6 Die gefüllten Kohlrabi in eine Auflaufform setzen und mit dem restlichen Käse bestreuen. Die Brühe angießen und die Kohlrabi im Ofen etwa 40 Minuten weich backen. Nach Bedarf noch Brühe angießen und die Kohlrabi damit ab und zu übergießen. Sollten die Kohlrabi zu dunkel werden, mit Alufolie abdecken.

7 Nach Ende der Backzeit die Kohlrabi aus dem Ofen nehmen und heiß servieren.

TIPP

Servieren Sie eine Tomatensauce zu den gefüllten Kohlrabi (Rezept siehe Seite 102).

Spargel im Pfannkuchen
mit Spinat

ZUTATEN FÜR 4 PERSONEN

Für den Spargel und den Spinat:

24 Stangen weißer Spargel

Zucker

300 g frischer Blattspinat

Salz

Für die Pfannkuchen:

2 Eier

250 g Mehl

Salz

500 ml Milch

Pflanzenöl (für die Pfanne)

Für die Sauce hollandaise:

175 g Butter

3 Eigelb

1–2 EL Zitronensaft

Salz

frisch gemahlener weißer Pfeffer

Butter (für die Form)

150 g Käse (z. B. Emmentaler),
frisch gerieben

ZUBEREITUNGSZEIT: 45 MINUTEN
GAR- UND BACKZEIT: 30 MINUTEN

1 Den Spargel schälen, die holzigen Enden abschneiden. Den Spargel in leicht kochendem Wasser mit 1 Prise Zucker etwa 15 Minuten garen. Er soll aber noch elastisch sein und nicht zerfallen. Den Spargel herausnehmen, mit kaltem Wasser abschrecken und gut abtropfen lassen. Den Spargelsud beiseitestellen.

2 Den Spinat verlesen, putzen, waschen und in kochendem Salzwasser etwa 2 Minuten blanchieren. Den Spinat mit kaltem Wasser abschrecken und gründlich ausdrücken.

3 Für den Pfannkuchenteig die Eier mit dem Mehl, 1 Prise Salz und der Milch zu einem glatten Teig verrühren.

4 Eine Pfanne leicht mit Öl einfetten, 1 kleine Schöpfkelle Teig hineingeben. Durch leichtes Drehen und Kippen der Pfanne den Teig gleichmäßig dünn zerlaufen lassen. Den Pfannkuchen von beiden Seiten goldbraun backen, herausnehmen und auf einen Teller legen. Aus dem restlichen Teig ebenso 7 weitere Pfannkuchen backen.

5 Für die Sauce hollandaise die Butter in einem Topf zerlassen, kurz stehen lassen, dann die geklärte Butter vorsichtig abgießen oder abschöpfen.

6 Die Eigelbe und 3 Esslöffel Spargelsud in eine Metallschüssel geben und über einem heißen, nicht kochenden Wasserbad mit einem Schneebesen cremig aufschlagen. Den Topf vom Herd nehmen. Die geklärte Butter zuerst tropfenweise, dann in dünnem Strahl unter ständigem Rühren zu der Eimasse geben, bis eine cremige Sauce entsteht. Die Eimasse darf nicht gerinnen. Die Sauce hollandaise mit Zitronensaft, Salz und Pfeffer abschmecken.

7 Den Backofen auf 200 °C (Umluft) vorheizen.

8 Die Pfannkuchen ausbreiten und mit 3 Spargelstangen belegen. Etwas Spinat darauf verteilen und die Pfannkuchen einrollen. Eine Auflaufform mit Butter einfetten.

9 Die Röllchen mit der Naht nach unten in die Form legen, mit der Sauce hollandaise begießen, mit dem Käse bestreuen und im Ofen etwa 15 Minuten überbacken, herausnehmen und sofort servieren.

Überbackene Kartoffelknödel
mit Wirsing

ZUTATEN FÜR 4–6 PERSONEN

1 kg mehligkochende Kartoffeln

Salz

1 kleiner Wirsing (etwa 600 g)

1 Zwiebel

2 EL Butter

etwa 250 ml Gemüsebrühe

frisch gemahlener Pfeffer

etwa 120 g Mehl · 4 Eier

2 EL Schnittlauchröllchen

frisch geriebene Muskatnuss

Butter (für die Form)

200 ml Sahne (mindestens 30 % Fett)

100 g Käse (z. B. Emmentaler), frisch gerieben

ZUBEREITUNGSZEIT: 45 MINUTEN

GAR- UND BACKZEIT: 50 MINUTEN

1 Die Kartoffeln waschen und in Salzwasser etwa 25 Minuten garen.

2 Den Wirsing längs vierteln, die äußeren Blätter sowie den Strunk entfernen. Die Wirsingviertel quer in schmale Steifen schneiden, waschen und abtropfen lassen. Die Zwiebel schälen und fein hacken.

3 Die Butter in einem Topf oder einer großen Pfanne erhitzen und die Zwiebel darin glasig anschwitzen. Den Wirsing dazugeben, kurz mitdünsten. Die Brühe angießen und alles zugedeckt etwa 10 Minuten garen. Das Gemüse mit Salz und Pfeffer würzen.

4 Die Kartoffeln abgießen, kurz ausdampfen lassen, dann schälen. Die Kartoffeln durch die Kartoffelpresse drücken und auskühlen lassen. Das Mehl, 2 Eier und den Schnittlauch mit den Kartoffeln mischen. Die Masse mit Salz, Pfeffer und Muskat würzen. Der Teig sollte gut formbar sein und nicht an den Fingern kleben. Bei Bedarf noch Mehl dazugeben. Aus dem Kartoffelteig mit feuchten Händen kleine Knödel formen.

5 Reichlich Salzwasser zum Kochen bringen. Die Knödel darin etwa 10 Minuten ziehen lassen. Das Wasser soll dabei nur noch leicht köcheln. Anschließend die Knödel mit einem Schaumlöffel herausheben und abtropfen lassen.

6 Den Backofen auf 200 °C (Ober- und Unterhitze) vorheizen.

7 Eine Auflaufform mit Butter einfetten. Den Wirsing in der Form verteilen und die Knödel nebeneinander daraufsetzen.

8 Die Sahne mit den übrigen Eiern und der Hälfte vom Käse verrühren. Dann mit Salz, Pfeffer und Muskat würzen. Die Eiersahne über die Knödel gießen und alles mit dem restlichen Käse bestreuen.

9 Die Knödel im Ofen etwa 25 Minuten überbacken, herausnehmen und sofort servieren.

Gebackene Kartoffeln

1 Den Backofen auf 200 °C (Ober- und Unterhitze) vorheizen.

2 Die Kartoffeln gut waschen und der Länge nach halbieren.

3 Die Sahne mit der Mich, Salz und Pfeffer verrühren. Unter die Sahne etwa 50 g Käse mischen und alles in eine Auflaufform füllen.

4 Die Kartoffelhälften mit der Schnittfläche nach oben in die Sauce setzen und mit dem restlichen Käse und etwas Salz sowie Pfeffer bestreuen.

5 Die Kartoffeln im Ofen etwa 30 Minuten backen, bis sie weich sind.

6 Den Speck in Streifen schneiden und in einer Pfanne ohne Fett auslassen. Die Speckstreifen knusprig braten und auf Küchenkrepp abtropfen lassen.

7 Die Kartoffeln aus dem Ofen nehmen und mit Speck sowie Petersilie bestreut servieren.

ZUTATEN FÜR 4 PERSONEN

6 große Kartoffeln

250 ml Sahne (mindestens 30 % Fett)

150 ml Milch · Salz · frisch gemahlener Pfeffer

200 g Käse (z. B. Emmentaler oder Bergkäse), frisch gerieben

160 g durchwachsener Speck, in Scheiben (zum Garnieren)

2 EL frisch gehackte Petersilie (zum Garnieren)

ZUBEREITUNGSZEIT: 45 MINUTEN
BACKZEIT: 30 MINUTEN

 **TIPP**

Servieren Sie gebackene Kartoffeln als Beilage zu Steak.

Serviettenknödel

mit dreierlei Käse

ZUTATEN FÜR 4 PERSONEN

800 g Brötchen (vom Vortag)

etwa 400 ml Milch

2 Schalotten

2 EL Butter

2 EL frisch gehackte Petersilie

4 Eier

Semmelbrösel (nach Bedarf)

Salz

frisch gemahlener Pfeffer

frisch geriebene Muskatnuss

Butter (für das Tuch und die Form)

50 g Bergkäse (z. B. Greyerzer), frisch gerieben

50 g Schafskäse, zerbröckelt

50 g Blauschimmelkäse (z. B. Gorgonzola), zerbröckelt

ZUBEREITUNGSZEIT: 30 MINUTEN
GAR- UND BACKZEIT: 45 MINUTEN

1 Für den Knödel die Brötchen in Scheiben schneiden und in eine Schüssel geben. Die Milch aufkochen und über die Brötchen gießen und alles etwa 10 Minuten ziehen lassen.

2 Die Schalotten schälen und fein hacken. Die Butter in einer Pfanne erhitzen und die Schalotten darin glasig anschwitzen. Die Pfanne vom Herd nehmen und die Petersilie unter die Schalotten rühren.

3 Die Schalottenmischung und die Eier zu den Brötchen geben und zu einem Knödelteig vermengen. Die Masse sollte nicht zu feucht und gut formbar sein. Bei Bedarf etwas Brösel unterkneten. Den Knödelteig mit Salz, Pfeffer und Muskat würzen.

4 Ein sauberes, feuchtes Leinen- oder Geschirrtuch in der Mitte mit 1–2 Esslöffeln Butter bestreichen und darauf den Knödelteig verteilen. Den Teig zu einer Rolle formen und fest im Tuch einwickeln. Die Enden des Tuchs mit Küchengarn zusammenbinden. Den Serviettenknödel in kochendes Salzwasser legen und etwa 30 Minuten bei niedriger Hitze ziehen lassen. Das Wasser sollte nicht mehr kochen.

5 Den Backofen auf 200 °C (Ober-und Unterhitze) vorheizen.

6 Den Knödel aus dem Wasser heben, kurz ruhen lassen und aus dem Tuch wickeln. Eine Auflaufform mit Butter einfetten. Den Knödel in Scheiben schneiden und dachziegelartig in die Form legen.

7 Den Bergkäse, den Schafskäse und den Blauschimmelkäse mischen und über den Knödelscheiben verteilen. Die Serviettenknödel im Ofen 15 Minuten goldbraun überbacken und sofort servieren.

TIPP

Den Knödel brauchen Sie natürlich nicht frisch zuzubereiten. Bleiben beim Sonntagsessen Knödel übrig, können Sie die Reste am nächsten Tag wie im Rezept beschrieben überbacken und haben ein schnelles, leckeres Mittagessen.

Überbackener Blumenkohl

1 Den Backofen auf 200 °C (Ober- und Unterhitze) vorheizen.

2 Den Blumenkohl putzen, die Röschen abtrennen und waschen. Es sollten etwa 800 g Blumenkohlröschen sein. Die Röschen in kochendem Salzwasser 5 Minuten blanchieren, dann herausnehmen, mit kaltem Wasser abschrecken und gut abtropfen lassen. Den Kochsud beiseitestellen.

3 Die Butter in einem Topf zerlassen. Das Mehl einstreuen und leicht anschwitzen. Etwa 300 ml Blumenkohlsud und die Milch unter Rühren angießen. Den Käse dazugeben und schmelzen lassen.

4 Die Sahne mit dem Eigelb verrühren und die Sauce damit abbinden. Die Sauce anschließend mit Salz, Pfeffer und Muskat abschmecken.

5 Eine Auflaufform mit Butter einfetten. Den Blumenkohl in der Form verteilen und mit der Sauce begießen. Den Blumenkohl im Ofen etwa 20 Minuten überbacken, herausnehmen und sofort servieren.

ZUTATEN FÜR 4 PERSONEN

etwa 1 kg Blumenkohl · Salz

20 g Butter · 20 g Mehl

150 ml Milch · 150–200 g Sahne-Schmelzkäse

3 EL Sahne (mindestens 30 % Fett) · 1 Eigelb

frisch gemahlener Pfeffer

frisch geriebene Muskatnuss

Butter (für die Form)

ZUBEREITUNGSZEIT: 30 MINUTEN
GAR- UND BACKZEIT: 25 MINUTEN

TIPP

Auf diese Art können Sie auch Brokkoliröschen überbacken. Den Brokkoli müssen Sie aber nur 1–2 Minuten in kochendem Salzwasser blanchieren.

Pfannkuchenröllchen
mit Spinat

1 Den Backofen auf 200 °C (Ober- und Unterhitze) vorheizen.

2 Den Spinat verlesen, putzen, waschen und trocken schleudern. Die Zwiebel und den Knoblauch schälen und fein hacken. In einem Topf das Öl erhitzen und die Zwiebel sowie den Knoblauch darin glasig anschwitzen. Den Spinat dazugeben und zusammenfallen lassen. Die Sahne angießen und alles mit Salz, Pfeffer und Muskat würzen. Den Spinat 2–3 Minuten köcheln lassen, dann vom Herd ziehen und auskühlen lassen.

3 Für die Pfannkuchen die Eier mit dem Mehl, 1 Prise Salz und der Milch verrühren. Eine Pfanne leicht einfetten, 1 kleine Schöpfkelle Teig hineingeben und durch leichtes Drehen und Kippen der Pfanne den Teig gleichmäßig dünn zerlaufen lassen. Die Pfannkuchen von beiden Seiten goldbraun ausbacken und auf einen Teller legen. Aus dem restlichen Teig ebenso 7 weitere kleine Pfannkuchen backen.

4 Für die Bechamelsauce die Butter in einem Topf zerlassen. Das Mehl einrühren und leicht anschwitzen. Die Milch nach und nach unter Rühren dazugießen. Die Sauce 2–3 Minuten einköcheln lassen, dann mit Salz, Pfeffer sowie Muskat abschmecken und vom Herd nehmen.

5 Die Pfannkuchen ausbreiten, den Spinat darauf verteilen und die Pfannkuchen aufrollen.

6 Eine Auflaufform mit Butter einfetten. Die Röllchen mit der Naht nach unten in die Form legen. Die Sauce darübergießen. Die Pfannkuchenröllchen mit dem Käse bestreuen und im Ofen etwa 20 Minuten überbacken.

ZUTATEN FÜR 4 PERSONEN

Für den Spinat:

500 g frischer Blattspinat · 1 Zwiebel · 1 Knoblauchzehe · 2 EL Olivenöl

150 ml Sahne (mindestens 30 % Fett) · Salz · frisch gemahlener Pfeffer · frisch geriebene Muskatnuss

Für die Pfannkuchen:

2 Eier · 220 g Mehl · Salz · 450 ml Milch · Pflanzenöl (für die Pfanne)

Für die Bechamelsauce:

2 EL Butter · 2 EL Mehl · 350 ml Milch · Salz · frisch gemahlener Pfeffer · frisch geriebene Muskatnuss

Butter (für die Form) · 120 g Käse (z. B. Bergkäse), frisch gerieben

ZUBEREITUNGSZEIT: 40 MINUTEN
GAR- UND BACKZEIT: 30 MINUTEN

Überbackene Maisgrießklößchen

mit Tomatensauce

ZUTATEN FÜR 4 PERSONEN

Für die Maisgrießklößchen:

1 l Gemüsebrühe

400 g Maisgrieß

75 g Hartkäse (z. B. Parmesan), frisch gerieben

Für die Tomatensauce:

1 Zwiebel

1 Knoblauchzehe

4 EL Olivenöl

600 g reife Tomaten

Salz

frisch gemahlener Pfeffer

1 EL frisch gehacktes Basilikum

Butter (für die Form)

50 g Käse (z. B. Greyerzer), frisch gerieben

30 g Butterflocken (zum Überbacken)

ZUBEREITUNGSZEIT: 30 MINUTEN
GAR-UND BACKZEIT: 40 MINUTEN

1 Für die Klößchen die Gemüsebrühe aufkochen, dann den Maisgrieß unter Rühren einstreuen. Den Grieß noch mal aufkochen lassen, anschließend den Käse unterrühren. Den Topf vom Herd ziehen und den Grieß etwa 5 Minuten quellen lassen. Die Grießmasse in eine flache Form füllen und auskühlen lassen.

2 Den Backofen auf 200 °C (Umluft) vorheizen.

3 In der Zwischenzeit für die Tomatensauce die Zwiebel sowie den Knoblauch schälen und beides sehr fein hacken. Das Olivenöl in einer Pfanne erhitzen und die Zwiebel mit dem Knoblauch darin anschwitzen.

4 Die reifen Tomaten kurz blanchieren, mit kaltem Wasser abschrecken, enthäuten, vierteln und die Samen entfernen. Das Fruchtfleisch in kleine Würfel schneiden und zu der Zwiebel-Knoblauch-Mischung geben. Die Tomatensauce mit Salz und Pfeffer abschmecken und 2–3 Minuten einköcheln lassen. Zum Schluss das Basilikum untermischen.

5 Eine Auflaufform mit Butter einfetten. Mit einem angefeuchteten Esslöffel kleine Klößchen aus der Grießmasse abstechen. Die Klößchen in die Form legen und die Tomatensauce darüber verteilen.

6 Die Maisgrießklößchen mit dem Käse bestreuen und die Butterflöckchen darüber geben. Alles im Ofen etwa 30 Minuten goldbraun überbacken, herausnehmen und sofort servieren.

TIPP

Statt den frischen Tomaten können Sie auch 400 g gestückelte Tomaten aus der Dose verwenden. Diese einfach zu der Zwiebel-Knoblauch-Mischung in die Pfanne geben und die Sauce weiter nach Rezept zubereiten.

Tomaten mit Schafskäse

aus dem Ofen

ZUTATEN FÜR 4 PERSONEN

8 Strauchtomaten

200 g Schafskäse

Olivenöl

1 EL getrockneter Oregano

Meersalz

frisch gemahlener Pfeffer

frischer Oregano und Basilikum
(zum Garnieren)

Balsamicoessig (zum Servieren)

ZUBEREITUNGSZEIT: 30 MINUTEN
GARZEIT: 20 MINUTEN

1 Den Backofen auf 200 °C (Ober- und Unterhitze) vorheizen.

2 Die Tomaten waschen. Den Stielansatz entfernen und die Tomaten in Scheiben schneiden.

3 Den Schafskäse grob würfeln und in eine ofenfeste Form legen. Die Tomatenscheiben darauf verteilen und mit reichlich Olivenöl beträufeln. Den getrockneten Oregano darüberstreuen und mit Salz sowie Pfeffer würzen.

4 Die Tomaten im Ofen etwa 20 Minuten backen. Den frischen Oregano und das Basilikum waschen, trocken tupfen und bei Bedarf klein zupfen. Die Tomaten aus dem Ofen nehmen und mit den Basilikum- und Oreganoblättchen bestreut servieren. Dazu Balsamicoessig reichen.

TIPP

Mit diesem sommerlichen Gericht können Sie Ihr Grillfest bereichern. Denn die Tomaten mit Schafskäse passen sehr gut zu Grillfleisch und zu Steak.

Ofeneier mit Spinat

und Kartoffelpüree

ZUTATEN FÜR 4 PERSONEN

Für den Spinat und die Ofeneier:

600 g frischer Blattspinat · Salz · 1 Zwiebel

1 Knoblauchzehe · 2 EL Olivenöl

200–250 ml Sahne (mindestens 30 % Fett)

frisch gemahlener Pfeffer · frisch geriebene
Muskatnuss · Butter (für die Form)

4 Eier · 150 g körniger Frischkäse

edelsüßes Paprikapulver

Für das Kartoffelpüree:

500 g mehligkochende Kartoffeln

Salz · etwa 150 ml Milch · 1 ½ EL Butter

frisch geriebene Muskatnuss

ZUBEREITUNGSZEIT: 45 MINUTEN
GAR- UND BACKZEIT: 45 MINUTEN

1 Den Backofen auf 180 °C (Umluft) vorheizen.

2 Den Spinat verlesen, putzen, waschen und kurz in kochendem Salzwasser blanchieren. Wenn der Spinat zusammenfällt, abgießen, mit kaltem Wasser abschrecken und gut abtropfen lassen. Anschließend den Spinat fest ausdrücken und hacken.

3 Die Zwiebel und den Knoblauch schälen, dann beides fein hacken. In einem Topf das Öl erhitzen und die Zwiebel sowie den Knoblauch darin glasig anschwitzen.

4 Den Spinat dazugeben, die Sahne (bis auf 2 Esslöffel) angießen und alles mit Salz, Pfeffer und Muskat würzen. Den Spinat bei mittlerer Hitze 4–5 Minuten köcheln lassen.

5 Eine Auflaufform mit Butter einfetten. Den Spinat in der Form verteilen. Mit einem Esslöffel 4 Mulden in den Spinat drücken. Die Eier nacheinander aufschlagen und jeweils 1 Ei in eine Mulde geben.

6 Den Frischkäse mit etwa 2 Esslöffeln Sahne verrühren und auf den Spinat setzen. Den Frischkäse mit etwas Paprikapulver bestreuen. Die Ofeneier im Ofen 15–20 Minuten backen.

7 Für das Püree die Kartoffeln schälen, waschen, in grobe Stücke schneiden und in Salzwasser etwa 25 Minuten gar kochen. Die Kartoffeln abgießen, durch eine Kartoffelpresse drücken und etwas ausdampfen lassen.

8 Die Milch erhitzen und zu den Kartoffeln gießen. So viel Milch zugießen, dass das Püree cremig ist. Je nach Kartoffelsorte wird etwas mehr oder weniger Milch benötigt. Die Butter in Flocken mit einem Kochlöffel unterrühren. Das Kartoffelpüree mit Salz und Muskat abschmecken.

9 Die Ofeneier aus dem Ofen nehmen. Aus dem Püree mit einem feuchten Esslöffel Nocken abstechen, auf den Ofeneiern verteilen und servieren. Das restliche Püree separat zu den Ofeneiern reichen.

Weißkohl mit Nusshaube

1 Den Backofen auf 200 °C (Ober- und Unterhitze) vorheizen.

2 Den Weißkohl halbieren, die äußeren Blätter entfernen. Den Kohl waschen und in Spalten schneiden. Den harten Strunk herausschneiden, aber nur so weit, dass die Spalten noch zusammenhalten.

3 Den Kohl in kochendem Salzwasser etwa 15 Minuten bissfest blanchieren, dann mit kaltem Wasser abschrecken und abtropfen lassen.

4 Eine Auflaufform mit Butter einfetten. Die Kohlspalten in die Form legen.

5 Die Sahne mit der Crème fraîche, den Haselnüssen, den Mandeln und dem Käse vermengen. Die Mischung mit Salz und Pfeffer abschmecken und über die Weißkohlspalten verteilen.

6 Den Kohl mit Currypulver bestreuen und im Ofen etwa 10 Minuten überbacken. In der Zwischenzeit die Petersilie waschen, die Blättchen abzupfen und hacken.

7 Den Weißkohl aus dem Ofen nehmen und mit Petersilie bestreut servieren.

ZUTATEN FÜR 4 PERSONEN

1 Weißkohl (etwa 800 g)

Salz

Butter (für die Form)

200 ml Sahne (mindestens 30 % Fett)

100 g Crème fraîche

50 g gemahlene Haselnüsse

50 g gemahlene Mandeln

50 g Käse (z. B. Greyerzer), frisch gerieben

frisch gemahlener Pfeffer

½ TL Currypulver

½ Bund Petersilie (zum Garnieren)

ZUBEREITUNGSZEIT: 20 MINUTEN
GARZEIT: 25 MINUTEN

Weizenpfannkuchen,
überbacken und mit Sauerkraut gefüllt

ZUTATEN FÜR 4 PERSONEN

Für das Sauerkraut:

400 g Sauerkraut (aus der Dose)

1 Zwiebel

1 Apfel

100 g durchwachsener Speck

1–2 EL Pflanzenöl

4 Pfefferkörner

3 Wacholderbeeren

1 Lorbeerblatt

etwa 200 ml Gemüsebrühe

Salz

frisch gemahlener Pfeffer

Für die Weizenfladen:

200 g Weizenmehl

1 TL Backpulver

½ TL Salz

120–150 ml Wasser

Mehl (zum Arbeiten)

Pflanzenöl (für die Pfanne)

120 g Käse (z. B. Gouda, Emmentaler)

Butter (für die Form)

2–3 EL Schnittlauchröllchen (zum Garnieren)

ZUBEREITUNGSZEIT: 40 MINUTEN
RUHEZEIT: 20 MINUTEN
GAR- UND BACKZEIT: 1 STUNDE

1 Das Sauerkraut abtropfen lassen. Die Zwiebel schälen und würfeln. Den Apfel schälen, vierteln, das Kerngehäuse entfernen und das Fruchtfleisch in kleine Stücke schneiden. Die Schwarte vom Speck entfernen und den Speck in Würfel schneiden.

2 Das Öl in einem großen Topf oder einer großen Pfanne erhitzen und den Speck darin auslassen. Die Zwiebel sowie den Apfel dazugeben und mitbraten.

3 Dann das Sauerkraut zu den Apfelstücken geben und mit einer Gabel zerpflücken. Die Pfefferkörner, die Wacholderbeeren und das Lorbeerblatt einlegen. Die Gemüsebrühe angießen und das Kraut zugedeckt etwa 40 Minuten weich dünsten. Gelegentlich umrühren und bei Bedarf etwas Flüssigkeit nachgießen, damit das Sauerkraut nicht anbrennt.

4 Für die Weizenfladen das Mehl mit dem Backpulver sowie dem Salz mischen. So viel Wasser hinzugießen, dass man daraus einen glatten Teig kneten kann. Den Teig etwa 20 Minuten ruhen lassen.

5 Den Teig in 8 Stücke teilen. Jedes Stück auf einer bemehlten Arbeitsfläche sehr dünn ausrollen.

6 Eine Pfanne dünn mit Öl einpinseln und erhitzen. Jeden Teigfladen darin kurz von beiden Seiten ausbacken. Nicht zu lange backen, sonst werden die Fladen zu hart.

7 Den Backofen auf 200 °C (Ober- und Unterhitze) vorheizen.

8 Das fertig gegarte Sauerkraut in einem Sieb abtropfen lassen. Die Pfefferkörner, die Wacholderbeeren und das Lorbeerblatt entfernen. Das Kraut nach Belieben mit Salz und Pfeffer abschmecken. Jeweils etwa 1 Achtel des Krauts auf 1 Weizenfladen verteilen und diesen aufrollen.

9 Den Käse reiben. Eine Auflaufform mit Butter einfetten. Die gefüllten Weizenfladen hineinlegen, mit dem Käse bestreuen und im Backofen 12–15 Minuten goldbraun überbacken. Die Weizenfladen aus dem Ofen nehmen und mit Schnittlauchröllchen garniert servieren.

Kabeljaufilet
mit Pinienkern-Käse-Kruste

ZUTATEN FÜR 4 PERSONEN

4 Kabeljaufilets (à etwa 150 g), mit Haut

Salz

frisch gemahlener Pfeffer

Zitronensaft

2 EL grüne Olivenpaste (aus dem Glas)

80 g Weißbrot (vom Vortag)

4 EL Pinenkerne

1 Knoblauchzehe

2 EL Hartkäse (z. B. Parmesan), frisch gerieben

3–4 EL Olivenöl

4 getrocknete, in Öl eingelegte Tomaten

3 EL Salatmayonnaise

Basilikumblätter (zum Garnieren)

ZUBEREITUNGSZEIT: 30 MINUTEN
BACKZEIT: 20 MINUTEN

1 Den Backofen auf 200 °C (Ober- und Unterhitze) vorheizen.

2 Den Fisch waschen, trocken tupfen und mit Salz sowie Pfeffer einreiben. Die Filets mit etwas Zitronensaft beträufeln und mit der Hautseite nach unten auf ein mit Backpapier belegtes Backblech legen. Die Fischstücke mit der Olivenpaste bestreichen.

3 Das Weißbrot zu Bröseln reiben. Die Pinienkerne in einer Pfanne ohne fett hellbraun rösten. Den Knoblauch schälen und hacken. Die Brösel mit den Pinienkernen, dem Käse, dem Öl und dem Knoblauch mischen. Die Masse auf den Fischfilets verteilen und leicht andrücken. Die Filets im Backofen etwa 20 Minuten hellbraun überbacken.

4 In der Zwischenzeit die Tomaten abtropfen lassen, klein würfeln und mit der Mayonnaise mischen. Die Tomatenmayonnaise mit Salz und Pfeffer abschmecken.

5 Den Kabeljau aus dem Ofen nehmen und je einen Klecks Tomatenmayonnaise auf den Fischfilets verteilen. Die Kabeljaufilets mit Basilikum garniert servieren.

TIPP

Als Beilage zu diesen Kabeljaufilets passt beispielsweise das Zucchinigratin (Rezept siehe Seite 73) oder das Kartoffelgratin aus der Pfanne (Rezept siehe Seite 58).

Fischfilet aus dem Ofen
mit Paprikagemüse

1 Den Backofen auf 180 °C (Ober- und Unterhitze) vorheizen.

2 Die Fischfilets waschen, trocken tupfen und in möglichst gleich große Portionsstücke teilen.

3 Die Paprikaschoten halbieren, die Samen und die Scheidewände entfernen. Die Schoten waschen und in dünne Streifen schneiden. Die Schalotten und die Knoblauchzehen schälen und fein würfeln.

4 In einer ofenfesten Pfanne oder einer Bratform das Öl erhitzen und die Paprikastreifen zusammen mit den Schalotten und dem Knoblauch darin kurz anschwitzen. Das Tomatenmark einrühren und das Gemüse mit Weißwein ablöschen. Die Pfanne vom Herd nehmen und das Gemüse mit Paprika, Meersalz und Cayennepfeffer abschmecken.

5 Die Fischfilets auf dem Paprikagemüse verteilen. Den Mozzarella in Scheiben schneiden und damit den Fisch belegen. Den Thymian waschen, trocken tupfen und die Blättchen abzupfen. Die Hälfte davon über den Fisch streuen.

6 Die Fischfilets im Ofen 20–25 Minuten überbacken. Falls nötig noch etwas Wasser angießen. Den Fisch aus dem Ofen nehmen, nach Belieben nochmals mit Meersalz und Cayennepfeffer würzen und mit dem restlichen Thymian bestreut servieren.

FÜR 4 PERSONEN

600 g weiße Fischfilets (z. B. Seezunge, Steinbeißer oder Seeteufel)

5 Paprikaschoten (rot, gelb und grün gemischt)

3 Schalotten

2 Knoblauchzehen

3 EL Olivenöl

1 EL Tomatenmark

250 ml Weißwein

edelsüßes Paprikapulver

Meersalz

Cayennepfeffer

2 Mozzarellakugeln (à 125 g)

½ Bund Thymian

ZUBEREITUNGSZEIT: 45 MINUTEN
BACKZEIT: 25 MINUTEN

Gebackener Fenchel

mit Räucherlachsfüllung

1 Den Fenchel putzen, waschen, halbieren und den Strunk keilförmig herausschneiden. Die äußeren großen Blattschiffchen von den Knollen abtrennen, es sollten 8 Stück sein. Den Rest des Fenchels sehr fein würfeln.

2 Ausreichend Salzwasser in einem Topf erhitzen und die Fenchelschiffchen kurz im kochenden Wasser blanchieren. Anschließend den Fenchel mit kaltem Wasser abschrecken und abtropfen lassen.

3 Die Kartoffeln schälen und in reichlich Salzwasser etwa 20 Minuten gar kochen. Die Kartoffeln abgießen und durch eine Kartoffelpresse drücken.

4 Den Backofen auf 200 °C (Ober- und Unterhitze) vorheizen.

5 Den Lachs in feine Streifen schneiden. Den Dill waschen, trocken tupfen und fein hacken.

6 Die Butter in einem Topf zerlassen, dann mit 2 Esslöffeln Crème fraîche, dem Meerrettich und dem Dill verrühren. Die Creme mit Salz, Pfeffer und Muskat würzen, anschließend mit dem Lachs und den Eigelben unter die Kartoffelmasse rühren.

7 Den gewürfelten Fenchel unter die Kartoffelmasse heben und die Masse in die Fenchelschiffchen füllen.

8 Eine Auflaufform mit Butter einfetten. Die Fenchelschiffchen hineinsetzen und im Backofen etwa 20 Minuten überbacken.

9 Den Fenchel aus dem Ofen nehmen und mit der restlichen Crème fraîche sowie einigen Dillspitzen garniert servieren.

ZUTATEN FÜR 4 PERSONEN

4 Knollen Fenchel

Salz

500 g mehligkochende Kartoffeln

200 g geräucherter Lachs

½ Bund Dill

2 EL Butter

4 EL Crème fraîche

1 EL Sahnemeerrettich (aus dem Glas)

frisch gemahlener Pfeffer

frisch geriebene Muskatnuss

2 Eigelb

Butter (für die Form)

Dillspitzen (zum Garnieren)

ZUBEREITUNGSZEIT: 30 MINUTEN
GAR- UND BACKZEIT: 40 MINUTEN

Waller mit Kartoffelkruste

und Biersauce

Für die Kartoffelkruste:

300 g mehligkochende Kartoffeln

2 EL zerlassene Butter

Salz

frisch gemahlener Pfeffer

frisch geriebene Muskatnuss

1 Ei

Für die Biersauce:

1 Schalotte

1 Knoblauchzehe

300 ml Weißbier (oder anderes helles Bier)

weißer Wermut (nach Belieben)

1 TL Zuckercouleur (alternativ karamellisierter Zucker)

1 kleines Lorbeerblatt

100 ml Sahne (mindestens 30 % Fett)

Salz

frisch gemahlener Pfeffer

1–2 EL kalte Butter

Für den Waller:

4 Wallerfilets (Wels; à etwa 150 g)

2 TL Zitronensaft

Salz

frisch gemahlener Pfeffer

ZUBEREITUNGSZEIT: 45 MINUTEN
GARZEIT: 50 MINUTEN

1 Die Kartoffeln waschen und etwa 30 Minuten weich kochen, dann abgießen und ausdampfen lassen. Die Kartoffeln schälen und durch die Kartoffelpresse in eine Schüssel drücken und abkühlen lassen.

2 Für die Biersauce die Schalotte und den Knoblauch schälen. Die Schalotte hacken und mit der Knoblauchzehe, dem Bier, einigen Spritzern Wermut, der Zuckercouleur und dem Lorbeerblatt in einen Topf geben. Den Sud langsam aufkochen und bei mittlerer Hitze auf die Hälfte einkochen lassen.

3 Den Backofen auf 200 °C (Ober- und Unterhitze) vorheizen.

4 Für die Kartoffelkruste die Butter in das Kartoffelpüree rühren. Die Masse mit Salz, Pfeffer und Muskat abschmecken. Das Ei trennen. Das Eigelb unter das Püree rühren. Das Eiweiß mit 1 Prise Salz halbsteif schlagen und unter die Kartoffelmasse heben.

5 Die Wallerfilets waschen und mit Küchenpapier trocken tupfen. Den Fisch mit Zitronensaft, Salz und Pfeffer würzen, dann auf ein mit Backpapier ausgelegtes Backblech legen. Die Kartoffelmasse auf die Fischfilets streichen. Die Filets im Ofen (oberste Schiene) etwa 20 Minuten überbacken, bis die Püreespitzen leicht gebräunt sind.

6 Inzwischen den Biersud durch ein feines Sieb gießen. Die Flüssigkeit in einem kleinen Topf auffangen. Die Rückstände im Sieb nur leicht ausdrücken. Die Sahne dazugießen. Die Sauce etwas einkochen lassen und dann mit Salz sowie Pfeffer abschmecken. Die Butter in Stückchen schneiden und mit einem Pürierstab untermixen.

7 Den Waller aus dem Ofen nehmen und sofort servieren. Die Biersauce dazu reichen.

Überbackenes Sauerkraut

mit Wurst und Kartoffelpüree

ZUTATEN FÜR 4 PERSONEN

1 Zwiebel

1 EL Butterschmalz

800 g Sauerkraut (aus der Dose)

5 Wacholderbeeren

2 Lorbeerblätter

100 ml trockener Weißwein

400 ml Fleisch- oder
Gemüsebrühe

Salz

frisch gemahlener Pfeffer

600 g mehligkochende Kartoffeln

2 EL Butter

etwa 200 ml Milch

frisch geriebene Muskatnuss

4–6 Kabanossi

ZUBEREITUNGSZEIT: 40 MINUTEN
GAR- UND BACKZEIT:
1 STUNDE 40 MINUTEN

1 Die Zwiebel schälen und in kleine Stücke schneiden. Das Butterschmalz in einem Topf erhitzen und die Zwiebel darin glasig dünsten.

2 Das Sauerkraut, die Wacholderbeeren und die Lorbeerblätter zu der Zwiebel geben. Den Wein und die Brühe angießen, alles aufkochen lassen und zugedeckt etwa 40 Minuten köcheln lassen. Das Sauerkraut mit Salz und Pfeffer abschmecken.

3 Die Kartoffeln waschen und in etwa 30 Minuten weich kochen, dann abgießen und ausdampfen lassen. Die Kartoffeln schälen und durch die Kartoffelpresse in eine Schüssel drücken.

4 Die Kartoffelmasse mit der Butter und der Milch zu einem glatten Püree verarbeiten und mit Salz und Muskat abschmecken. Sollte das Püree zu trocken sein, noch etwas Milch einrühren.

5 Den Backofen auf 200 °C (Ober- und Unterhitze) vorheizen.

6 Das Sauerkraut in eine Auflaufform geben und in der Mitte eine Mulde formen. Die Mulde mit dem Kartoffelpüree füllen. Die Würste in dicke Scheiben schneiden und auf dem Püree verteilen. Das Sauerkraut im Ofen 25–30 Minuten goldbraun überbacken, dann sofort servieren.

Überbackenes Würzfleisch
mit Champignons

1 Die Karotte und den Sellerie vom Suppengrün schälen und in grobe Stücke teilen. Den Lauch putzen, quer halbieren und waschen. Die Zwiebel schälen und vierteln.

2 Das Fleisch waschen und in einen großen Topf geben. Den Topf mit so viel Wasser auffüllen, dass das Fleisch knapp bedeckt ist. Das Suppengemüse, die Zwiebel, das Salz, die Nelken, das Lorbeerblatt und die Pfefferkörner dazugeben und alles bei niedriger Hitze etwa 90 Minuten köcheln lassen.

3 Die Champignons putzen und in Scheiben schneiden. Die Schalotte schälen und sehr fein würfeln. Die Butter in einem Topf erhitzen. Die Schalotte darin glasig anschwitzen, dann die Pilze hinzufügen und etwa 5 Minuten braten.

4 Für die Sauce die Butter in einem weiteren Topf erhitzen. Das Mehl einrühren und anschwitzen. Etwa 200 ml von der Kalbfleischbrühe abnehmen und in die Mehlschwitze rühren. Die Sauce aufkochen. Die Crème fraîche, den Zitronensaft und das Eigelb unterrühren. Die Sauce mit Salz und Pfeffer abschmecken.

5 Den Backofen auf 200 °C (Ober- und Unterhitze) vorheizen.

6 Das Kalbfleisch aus der Brühe nehmen, etwas abkühlen lassen und in Würfel schneiden. Die Fleischwürfel zusammen mit den Pilzen in die Sauce geben. Alles gut miteinander vermischen.

7 Das Würzfleisch in 4 ofenfeste Förmchen geben, mit dem Käse bestreuen und im Backofen etwa 15 Minuten goldbraun überbacken. Das Würzfleisch herausnehmen und sofort servieren.

ZUTATEN FÜR 4 PERSONEN

Für das Würzfleisch:

1 Bund Suppengrün (1 Karotte, 150 g Knollensellerie, ½ Stange Lauch) · 1 Zwiebel

450 g Kalbfleisch (z. B. Brust) · ¼ TL Salz · 2 Nelken

1 Lorbeerblatt · 4 schwarze Pfefferkörner

120 g Champignons · 1 Schalotte · 1 EL Butter

Für die Sauce:

1 EL Butter · 1 EL Mehl · 2 EL Crème fraîche

Saft von ½ Zitrone · 1 Eigelb

Salz · frisch gemahlener Pfeffer

3 EL Käse (z. B. Emmentaler), frisch gerieben

ZUBEREITUNGSZEIT: 40 MINUTEN
GAR- UND BACKZEIT: 1 STUNDE 45 MINUTEN

Gefüllte Zwiebeln

1 Den Backofen auf 180 °C (Ober- und Unterhitze) vorheizen.

2 Die Zwiebeln schälen und in Salzwasser etwa 15 Minuten weich kochen. Die Zwiebeln mit kaltem Wasser abschrecken, halbieren und aushöhlen.

3 Die Tomaten gut abtropfen lassen. Das Zwiebelinnere mit den Tomaten und den Oliven fein hacken. Alles mit den Bröseln, der zerlassenen Butter, dem Oregano und dem Zitronenthymian mischen. Die Masse in die Zwiebeln füllen.

4 Eine ofenfeste Form mit Butter einfetten. Die Zwiebeln hineinsetzen, mit Käse bestreuen und im Ofen 20–25 Minuten goldbraun überbacken, herausnehmen und sofort servieren.

ZUTATEN FÜR 4 PERSONEN

4 große Zwiebeln

Salz

8 getrocknete, in Öl eingelegte Tomaten

2 EL entsteinte schwarze Oliven

150 g grobe Semmelbrösel

etwa 100 g zerlassene Butter

1 TL frisch gehackter Oregano

1 TL frisch gehackter Zitronenthymian

Butter (für die Form)

6 EL Käse (z. B. Bergkäse), frisch gerieben

ZUBEREITUNGSZEIT: 30 MINUTEN
GAR- UND BACKZEIT: 40 MINUTEN

Gratinierte Kalbsschnitzel

mit buntem Gemüse

ZUTATEN FÜR 4 PERSONEN

Für die Kalbsschnitzel:

12 Kalbsschnitzel (à etwa 60 g)

Salz

frisch gemahlener Pfeffer

2 EL Olivenöl

6 Scheiben Weißbrot
(vom Vortag)

1 Bund Thymian

2 Eigelb

100 weiche Butter

Für das Gemüse:

2 Stangen Sellerie

1 Knolle Fenchel

2 rote Paprikaschoten

2 Karotten

Salz

2 EL Olivenöl

50 ml trockener Weißwein

frisch gemahlener Pfeffer

ZUBEREITUNGSZEIT: 30 MINUTEN
GAR- UND BACKZEIT: 20 MINUTEN

1 Den Backofen auf 180 °C (Ober- und Unterhitze) vorheizen.

2 Die Kalbsschnitzel waschen, trocken tupfen und mit Salz sowie Pfeffer würzen. Das Öl in einer Pfanne erhitzen und die Schnitzel darin von beiden Seiten kurz und scharf anbraten. Anschließend das Fleisch in eine ofenfeste Form legen.

3 Das Weißbrot entrinden und fein reiben. Den Thymian waschen, trocken tupfen, die Blättchen abzupfen und hacken. Das Brot mit den Eigelben, dem Thymian und der weichen Butter vermengen. Die Masse mit Salz und Pfeffer würzen und auf den Schnitzeln verteilen. Die Schnitzel im Ofen etwa 10 Minuten überbacken.

4 In der Zwischenzeit für das Gemüse den Sellerie und den Fenchel putzen und waschen. Etwas Fenchelgrün für die Garnitur beiseitelegen. Den Sellerie in Scheiben schneiden. Den Fenchel in Stücke schneiden. Die Paprikaschoten halbieren, von Samen sowie Scheidewänden befreien. Die Paprika waschen und in Stücke schneiden. Die Karotten schälen und in Scheiben schneiden.

5 Den Sellerie, den Fenchel, die Paprika und die Karotten zusammen etwa 2–3 Minuten in kochendem Salzwasser blanchieren. Das Gemüse sollte noch Biss haben. Die Gemüsestücke mit einem Schaumlöffel aus dem Wasser heben.

6 Das Öl in einer Pfanne erhitzen und das Gemüse darin schwenken. Den Weißwein angießen, die Flüssigkeit verdampfen lassen, dann alles mit Salz und Pfeffer abschmecken.

7 Die Kalbsschnitzel aus dem Ofen nehmen. Das Gemüse mit Fenchelgrün garnieren und zu den Schnitzeln servieren.

Putenschnitzel

in drei Variationen

ZUTATEN FÜR 4 PERSONEN

4 Putenschnitzel (à etwa 180 g)

180 g Brokkoliröschen

Salz

3 Scheiben gekochter Schinken

6 Scheiben Salami

180 g Ananasfruchtfleisch

150 g geschälte Tomaten
(aus der Dose)

frisch gemahlener Pfeffer

1 TL getrockneter Oregano

4 eingelegte grüne Peperoni
(aus dem Glas)

6 Kirschtomaten

Öl (für das Blech)

150 g gekochte Maiskörner

150 g Käse (z. B. Gouda),
frisch gerieben

Oreganoblättchen
(zum Garnieren)

ZUBEREITUNGSZEIT: 40 MINUTEN
GAR- UND BACKZEIT: 13 MINUTEN

1 Den Backofen auf 200 °C (Ober-und Unterhitze) vorheizen.

2 Jedes Schnitzel waschen, trocken tupfen, flach klopfen und in drei Teile schneiden.

3 Die Brokkoliröschen putzen, waschen und in kochendem Salzwasser 3 Minuten blanchieren. Den Brokkoli abgießen, mit kaltem Wasser abschrecken, abtropfen lassen und klein schneiden.

4 Den Schinken und die Salami in Streifen schneiden. Die Ananas in kleine Stücke schneiden. Die Tomaten pürieren und mit Salz, Pfeffer und Oregano würzen. Die eingelegten Peperoni abtropfen lassen. Die Kirschtomaten waschen und halbieren.

5 Ein Backblech einölen. Die Schnitzel auf das Blech legen und mit der Tomatensauce bestreichen. Ein Drittel der Schnitzel mit Salami und Peperoni belegen, ein Drittel mit Schinken und Ananas und die übrigen Schnitzel mit Brokkoli, Mais und Kirschtomaten.

6 Alle Schnitzel mit dem Käse bestreuen und im Ofen etwa 10 Minuten goldbraun überbacken, herausnehmen und mit den Oreganoblättchen garniert servieren.

Putenbrustbaguettes
aus dem Ofen

1 Den Backofen auf 180 °C (Ober- und Unterhitze) vorheizen.

2 Die Baguettescheiben auf einer Seite mit Kräuterbutter bestreichen. Je 1 Scheibe Putenbrust und Käse auf 1 Brotscheibe legen.

3 Eine Auflaufform mit Butter einfetten. Die Brote aufrecht hintereinander einschichten.

4 Die Milch und die Eier verquirlen, die Petersilie unterrühren. Die Eiermilch mit Salz, Pfeffer und Muskat würzen.

5 Die Eiermilch über die Brote gießen. Die Brote im Ofen etwa 30 Minuten goldbraun überbacken, herausnehmen und mit Petersilie garniert servieren.

ZUTATEN FÜR 4 PERSONEN

12 Scheiben Baguette (etwa 250 g)

50 g Kräuterbutter

12 Scheiben geräucherte Putenbrust (etwa 200 g)

12 Scheiben Bergkäse (etwa 150 g)

Butter (für die Form) · 400 ml Milch · 3 Eier

4 EL frisch gehackte Petersilie · Salz

frisch gemahlener Pfeffer · frisch geriebene Muskatnuss · 2 EL frisch gehackte Petersilie (zum Garnieren)

ZUBEREITUNGSZEIT: 40 MINUTEN
BACKZEIT: 30 MINUTEN

TIPP

Die Putenbrustbaguettes können Sie auch als Vorspeise servieren.

Schweinefilet im Speckmantel,
mit Käse überbacken

1 Den Backofen auf 200 °C (Ober- und Unterhitze) vorheizen.

2 Das Fleisch waschen, trocken tupfen, von Fett und Sehnen befreien und in 8 gleichgroße Stücke schneiden.

3 Die Ränder der Filetscheiben mit Speck umwickeln. Die
Scheiben mit Salz und Pfeffer würzen, dann mit Senf bestreichen. Die Butter in einer Pfanne erhitzen und die Fleischscheiben von beiden Seiten kurz und kräftig anbraten.

4 Die Zwiebel schälen und fein hacken. Den Frisch- und
den Schmelzkäse mit der Sahne glatt rühren. Die Zwiebel,
die Petersilie und die Pfefferkörner unterrühren.

5 Die Käsemischung über den Fleischscheiben verteilen.
Die Schweinefiletscheiben auf ein mit Backpapier ausgelegtes Backblech legen, im Backofen etwa 20 Minuten überbacken, herausnehmen und sofort servieren.

ZUTATEN FÜR 4 PERSONEN

600 g Schweinefilet

8 Scheiben durchwachsener Speck

Salz

frisch gemahlener Pfeffer

2 EL scharfer Senf

2 EL Butter

1 Zwiebel

100 g Frischkäse

50 g Schmelzkäse

100 g Sahne (mindestens 30 % Fett)

1 EL frisch gehackte Petersilie

1 EL eingelegte grüne Pfefferkörner

ZUBEREITUNGSZEIT: 30 MINUTEN
GAR- UND BACKZEIT: 25 MINUTEN

Schweinemedaillons,

überbacken mit Apfel-Zwiebel-Gemüse

ZUTATEN FÜR 4 PERSONEN

600 g Schweinefilet

Salz

frisch gemahlener Pfeffer

2 EL Pflanzenöl

8 Scheiben Bergkäse
(z. B. Greyerzer)

2 Äpfel

3 Zwiebeln

4 EL Butter

2 TL Puderzucker

Preiselbeeren (aus dem Glas;
zum Garnieren)

ZUBEREITUNGSZEIT: 30 MINUTEN
BACKZEIT: 15 MINUTEN

1 Den Backofen auf 200 °C (Ober- und Unterhitze) vorheizen.

2 Das Fleisch waschen, trocken tupfen, von Fett und Sehnen befreien und in 8 Medaillons schneiden. Die Medaillons mit Salz und Pfeffer würzen. Das Öl in einer Pfanne erhitzen und die Medaillons rundherum scharf anbraten. Anschließend das Fleisch mit dem Käse belegen und auf einem mit Backpapier ausgelegten Backblech im Ofen 10 Minuten goldbraun überbacken.

3 Die Äpfel waschen und mit einem Apfelausstecher das Kerngehäuse entfernen. Die Äpfel in schmale Scheiben schneiden. Die Zwiebeln schälen und in schmale Ringe schneiden.

4 In einer Pfanne 2 Esslöffel Butter erhitzen und die Zwiebeln darin goldbraun anbraten. In einer weiteren Pfanne die restliche Butter erhitzen und die Apfelscheiben darin goldbraun braten. Die Äpfel mit dem Puderzucker bestauben und den Zucker karamellisieren lassen.

5 Die Äpfel mit den Zwiebeln in tiefen Tellern verteilen. Die Schweinemedaillons aus dem Ofen nehmen, auf die Äpfeln setzen und mit Preiselbeeren garniert servieren.

Schweinefilet

mit Blauschimmelkäse und Wirsing

ZUTATEN FÜR 4 PERSONEN

600 g Schweinefilet

Salz

frisch gemahlener Pfeffer

2 EL Pflanzenöl

1 ½ EL scharfer Senf

150 g Blauschimmelkäse
(z. B. Roquefort)

600 g Wirsing

1 Zwiebel

2 EL Butter

100 ml trockener Weißwein

200 ml Gemüsebrühe

frisch geriebene Muskatnuss

1 EL frisch gehacktes
Koriandergrün

ZUBEREITUNGSZEIT: 30 MINUTEN
GAR- UND BACKZEIT: 45 MINUTEN

1 Den Backofen auf 160 °C (Ober- und Unterhitze) vorheizen.

2 Das Fleisch waschen und trocken tupfen, von Fett und Sehnen befreien. Das Filet anschließend mit Salz und Pfeffer würzen. In einer Pfanne das Öl erhitzen und das Filet im Ganzen rundherum scharf anbraten. Das Fleisch herausnehmen, mit dem Senf bestreichen, auf ein mit Backpapier ausgelegtes Backblech legen und 20 Minuten im Ofen überbacken.

3 Den Käse entrinden und in Scheiben schneiden.

4 Vom Wirsing die äußeren Blätter entfernen. Den Wirsing vierteln, den Strunk herausschneiden und die Viertel in schmale Streifen schneiden. Den Wirsing waschen und abtropfen lassen. Die Zwiebel schälen und fein hacken.

5 In einem Topf die Butter erhitzen und darin die Zwiebel glasig anschwitzen. Den Wirsing dazugeben, kurz anbraten, dann mit dem Wein und der Brühe ablöschen. Das Gemüse mit Salz sowie Pfeffer würzen und bei mittlerer Hitze zugedeckt etwa 15 Minuten köcheln lassen. Zum Schluss mit Muskat und Koriandergrün abschmecken.

6 Den Backofen auf 220 °C (Ober- und Unterhitze) hochschalten. Die Käsescheiben auf dem Filet verteilen und dieses im Ofen 8–10 Minuten goldbraun überbacken. Das Filet herausnehmen, in Medaillons schneiden und mit dem Wirsing servieren.

Mozzarella-Hacksteaks

mit Kartoffelklößchen

ZUTATEN FÜR 4 PERSONEN

Für die Kartoffelklößchen:

600 g mehligkochende Kartoffeln · Salz · Mehl
(für die Arbeitsfläche) · frisch geriebene
Muskatnuss · etwa 150 g Mehl · 1 Ei

Für die Hacksteaks:

1 Knoblauchzehe · 600 g gemischtes Hackfleisch
1 Ei · 1 TL getrockneter Oregano · 4 EL Paniermehl
Salz · frisch gemahlener Pfeffer · 2 EL Olivenöl
2 Tomaten · 1 Kugel Mozzarella (etwa 125 g)

Für das Gemüse:

1 Zucchini · 2 EL Butter · 200 ml Sahne (mindes-
stens 30 % Fett) · Salz · frisch gemahlener
Pfeffer · frisch geriebene Muskatnuss

Basilikumblättchen (zum Garnieren)

ZUBEREITUNGSZEIT: 45 MINUTEN
GAR- UND BACKZEIT: 45 MINUTEN

1 Die Kartoffeln waschen und in Salzwasser 30 Minuten gar kochen. Die Kartoffeln abgießen und abkühlen lassen. Anschließen schälen und durch die Kartoffelpresse drücken. Die Kartoffelmasse auf einer bemehlten Arbeitsfläche ausbreiten und mit Salz und Muskat würzen. Das Mehl darüberstreuen, das Ei dazugeben und alles zu einem glatten Teig verkneten.

2 Etwa 1 Drittel des Teigs abnehmen und auf einer bemehlten Arbeitsfläche zu einem etwa fingerdicken Strang rollen. Von der Rolle etwa 1 cm lange Stücke abschneiden. Diese mit den Händen zu Kugeln formen und mit einer Gabel etwas flach drücken. Den gesamten Teig so zu Klößchen verarbeiten. Die fertigen Klößchen abgedeckt ruhen lassen.

3 In der Zwischenzeit für die Hacksteaks den Knoblauch schälen und pressen. Das Hackfleisch mit dem Knoblauch, dem Ei, dem Oregano, dem Paniermehl und Salz sowie Pfeffer verkneten. Aus der Masse 8 runde Hackfleischsteaks formen. In einer Pfanne das Öl erhitzen und die Hacksteaks darin rundherum braun anbraten.

4 Die Tomaten waschen, vom Stielansatz befreien und in Scheiben schneiden. Den Mozzarella abtropfen lassen und ebenfalls in Scheiben schneiden. Den Backofen auf 200 °C (Ober- und Unterhitze) vorheizen. Die Hackfleischsteaks auf ein mit Backpapier belegtes Backblech setzen, dachziegelartig mit Tomaten- und Mozzarellascheiben belegen und im Ofen etwa 8 Minuten überbacken.

5 Die Kartoffelklößchen in reichlich siedendem Salzwasser ziehen lassen. Wenn sie an die Oberfläche aufsteigen, mit einem Schaumlöffel herausnehmen und abtropfen lassen.

6 Die Zucchini putzen, waschen und in dünne Scheiben schneiden oder hobeln. In einer Pfanne die Butter zerlassen und die Zucchinischeiben darin anschwitzen. Die Kartoffelklößchen dazugeben und kurz durchschwenken. Die Sahne angießen. Alles mit Salz, Pfeffer sowie Muskat würzen und 2–3 Minuten einköcheln lassen.

7 Die Hacksteaks mit dem Gemüse und den Kartoffelklößchen auf vorgewärmten Tellern anrichten und mit Basilikum garniert servieren.

Chicorée im Schinkenmantel

1 Den Ofen auf 180 °C (Umluft) vorheizen.

2 Den Chicorée putzen und den bitteren Strunk kegelförmig herausschneiden. Den Chicorée in kochendem Salzwasser 2–3 Minuten blanchieren, anschließend mit kaltem Wasser abschrecken und abtropfen lassen.

3 In einem kleinen Topf die Butter zerlassen. Das Mehl einrühren und anschwitzen. Unter Rühren die Milch dazugießen. Die Sauce etwa 5 Minuten einköcheln lassen, bis sie leicht andickt. Den Topf vom Herd nehmen, die Hälfte vom Käse einstreuen und die Sauce mit Salz, Pfeffer und Muskat abschmecken.

4 Den Chicorée mit je 1 Scheibe Schinken umwickeln und diese mit Zahnstochern fixieren. Eine flache Auflaufform mit Butter einfetten und den Chicorée hineinlegen.

5 Die Sauce über den Chicorée gießen. Den restlichen Käse darüberstreuen. Den Chicorée im Ofen 20–25 Minuten goldbraun überbacken, herausnehmen und servieren.

ZUTATEN FÜR 4 PERSONEN

4 Chicorée

Salz

2 EL Butter

2 EL Mehl

etwa 350 ml Milch

100 g Käse (z. B. Gouda), frisch gerieben

frisch gemahlener Pfeffer

frisch geriebene Muskatnuss

4 Scheiben Räucherschinken

Butter (für die Form)

ZUBEREITUNGSZEIT: 15 MINUTEN
GAR- UND BACKZEIT: 35 MINUTEN

Soufflé

Ziegenkäse-Erbsen-Soufflé

ZUTATEN FÜR 4 PERSONEN

100 g geschälte frische
grüne Erbsen

Salz

4 Eier

80 g Butter

frisch geriebene Muskatnuss

150 g Ziegenfrischkäse

4 EL Sahne
(mindestens 30 % Fett)

3–4 EL Mehl

2 EL Grieß

Butter (für die Form)

Mehl (für die Form)

ZUBEREITUNGSZEIT: 35 MINUTEN
BACKZEIT: 15 MINUTEN

1 Den Ofen auf 200 °C (Ober- und Unterhitze) vorheizen.

2 Die Erbsen in kochendem Salzwasser etwa 5 Minuten kochen. Sie sollten noch knackig sein. Anschließend die Erbsen herausnehmen und abtropfen lassen.

3 Die Eier trennen. Die Butter mit den Eigelben und 1 Prise Muskat schaumig rühren. Dann abwechselnd den Frischkäse und die Sahne unterrühren.

4 Die Eiweiße steif schlagen und mit dem Mehl, dem Grieß und den Erbsen unter die Eigelbmasse ziehen. Die Masse mit 1 Prise Salz würzen.

5 Eine runde ofenfeste Form mit Butter einfetten und mit Mehl ausstreuen. Die Soufflémasse in die Form füllen und das Soufflé im Ofen etwa 15 Minuten goldbraun backen.

6 Das Soufflé aus dem Ofen nehmen und sofort servieren.

TIPP

Statt Ziegenfrischkäse können Sie natürlich auch andere Frischkäsearten verwenden. Es sollte jedoch Frischkäse natur ohne Kräuter oder andere Aromen sein, ansonsten schmeckt das Soufflé zu sehr nach dem Frischkäsearoma.

Maissoufflé

ZUTATEN FÜR 4 PERSONEN

450 g gekochte Maiskörner

40 g Butter

40 g Mehl

350 ml Milch

4 Eier

150 g Käse (z. B. Emmentaler,
Greyerzer), frisch gerieben

1 EL Thymianblättchen

Salz

frisch gemahlener weißer Pfeffer

Butter (für die Form)

Mehl (für die Form)

ZUBEREITUNGSZEIT: 30 MINUTEN
BACKZEIT: 30 MINUTEN

1 Den Backofen auf 200 °C (Ober- und Unterhitze) vorheizen.

2 Den Mais über einem Sieb gut abtropfen lassen.

3 Die Butter in einem Topf zerlassen. Das Mehl einstreuen und unter Rühren kurz anschwitzen. Die Milch einrühren und die Sauce unter Rühren 2 Minuten einköcheln lassen.

4 Die Eier trennen. Die Sauce vom Herd ziehen, etwas abkühlen lassen und die Eigelbe mit dem Käse und dem Mais unterrühren.

5 Die Eiweiße steif schlagen und nacheinander mit dem Thymian, 1 Prise Salz und Pfeffer unterziehen.

6 Eine runde Auflaufform mit Butter einfetten und mit Mehl ausstreuen. Die Soufflémasse in die Form geben und im vorgeheizten Ofen 25–30 Minuten backen. Das Soufflé herausnehmen und sofort servieren.

Käse-Spinat-Soufflé

1 4 ofenfeste Förmchen mit Butter einfetten und mit Bröseln ausstreuen. Den Ofen auf 200 °C (Ober- und Unterhitze) vorheizen.

2 Den Spinat putzen, waschen und in Salzwasser 2–3 Minuten blanchieren. Den Spinat mit kaltem Wasser abschrecken, ausdrücken und fein hacken.

3 Die Eier trennen. Die Butter mit den Eigelben und 1 Prise Muskat schaumig rühren. Den Spinat unterrühren und abwechselnd den geriebenen Käse, die Sahne und die Crème fraîche untermengen.

4 Die Eiweiße steif schlagen und das Mehl unterziehen. Den Eischnee unter die Eigelbmasse heben, alles mit 1 Prise Salz und Muskat abschmecken.

5 Die Soufflémasse in die Förmchen füllen und im Ofen 15–20 Minuten goldbraun backen. Die Soufflés herausnehmen und sofort servieren.

ZUTATEN FÜR 4 PERSONEN

Butter und Semmelbrösel (für die Förmchen)

100 g Spinat

Salz

4 Eier

80 g Butter

frisch geriebene Muskatnuss

150 g Käse (z. B. Emmentaler, Greyerzer), frisch gerieben

4 EL Sahne (mindestens 30 % Fett)

2 EL Crème fraîche

2 EL Mehl

ZUBEREITUNGSZEIT: 25 MINUTEN
GAR- UND BACKZEIT: 20 MINUTEN

Zucchinisoufflé

1 Die Zucchini putzen, waschen und raspeln. Die Raspel in einem Sieb mit etwas Salz bestreuen und ziehen lassen. Die Zucchini anschließend im Sieb oder in einem sauberen Tuch etwas ausdrücken.

2 Die Schalotte sowie den Knoblauch schälen und fein würfeln. Die Butter in einer Pfanne erhitzen und die Schalotte sowie den Knoblauch darin glasig anschwitzen. Die Zucchiniraspel dazugeben und mit Salz, Pfeffer und Zitronensaft würzen. Die Zucchini unter Rühren 3–4 Minuten bei mittlerer Hitze anbraten, dann beiseitestellen.

3 Für die Bechamelsauce die Butter in einem Topf zerlassen. Das Mehl einstreuen und darin anschwitzen. Die Milch unter Rühren dazugießen und die Sauce bei niedriger Hitze 5 Minuten köcheln lassen. Die Sauce mit Salz, Pfeffer und Muskat pikant abschmecken. Den Topf vom Herd ziehen und etwas abkühlen lassen.

4 Den Backofen auf 180 °C (Ober- und Unterhitze) vorheizen.

5 Die Eier trennen. Die Eigelbe nach und nach unter die Bechamelsauce rühren. Die Eiweiße zu steifem Schnee schlagen. Die Zucchini und den Käse unter die Sauce mengen, dann nach und nach vorsichtig den Eischnee unterheben.

6 Den Boden einer großen Form mit Butter einfetten. Die Zucchinimasse einfüllen und das Soufflé im Backofen (untere Schiene) etwa 45 Minuten backen. Das Soufflé herausnehmen und sofort servieren.

ZUTATEN FÜR 4 PERSONEN

Für die Zucchini:

600 g Zucchini · Salz · 1 Schalotte

1 Knoblauchzehe · 1 EL Butter

frisch gemahlener weißer Pfeffer

2 EL Zitronensaft

Für die Bechamelsauce:

40 g Butter · 40 g Mehl · 350 ml Milch

Salz · frisch gemahlener Pfeffer

frisch geriebene Muskatnuss

4 Eier

50 g Käse (z. B. Greyerzer), frisch gerieben

Butter (für die Form)

ZUBEREITUNGSZEIT: 30 MINUTEN
GAR- UND BACKZEIT: 50 MINUTEN

Soufflé

vom Guten Heinrich

ZUTATEN FÜR 4–6 PERSONEN

Butter und Semmelbrösel
(für die Form)

600 g Guter Heinrich
(wilder Spinat; alternativ
frischer Blattspinat)

Salz

6 Eier

120 g weiche Butter

frisch geriebene Muskatnuss

200 g Käse (z. B. Emmentaler,
Greyerzer), frisch gerieben

75 ml Sahne
(mindestens 30 % Fett)

4 EL Crème fraîche

3–4 EL Mehl

ZUBEREITUNGSZEIT: 35 MINUTEN
GAR- UND BACKZEIT: 40 MINUTEN

1 Den Ofen auf 180 °C (Ober- und Unterhitze) vorheizen.

2 Eine ofenfeste Auflaufform mit Butter einfetten und mit Bröseln ausstreuen.

3 Den Guten Heinrich putzen, waschen und 2–3 Minuten in Salzwasser blanchieren. Das Gemüse mit kaltem Wasser abschrecken, dann ausdrücken und grob hacken.

4 Die Eier trennen. Die weiche Butter mit den Eigelben und 1 Prise Muskat schaumig rühren. Den Guten Heinrich untermengen. Dann abwechselnd den geriebenen Käse, die Sahne und die Crème fraîche unterrühren.

5 Die Eiweiße steif schlagen. Das Mehl unter den Eischnee ziehen und mit 1 Prise Salz würzen. Die Masse in die Form füllen und im Ofen 30–40 Minuten goldbraun backen.

6 Das Soufflé aus dem Ofen nehmen und sofort servieren.

TIPP

Der Gute Heinrich ist eine Wildpflanze und kommt nicht mehr häufig vor. Allerdings können Sie sich Saatgut der Pflanze besorgen und so den Guten Heinrich vor dem Aussterben retten. Die jungen grünen Blätter werden wie Spinat als Gemüse oder zur Verfeinerung von Suppen und Saucen verwendet.

Karotten-Gewürz-Soufflé

ZUTATEN FÜR 4 PERSONEN

150 g Karotten

3–4 EL Mehl

1 TL Garam Masala
(indische Gewürzmischung aus
Chili, Fenchelsamen, Kardamom,
Nelken, Zimt; alternativ einige der
genannten Gewürze nehmen)

4 Eier

60 g Butter

4 EL Sahne
(mindestens 30 % Fett)

3 EL Crème fraîche

Butter und Semmelbrösel
(für die Förmchen)

ZUBEREITUNGSZEIT: 30 MINUTEN
BACKZEIT: 15 MINUTEN

1 Den Backofen auf 200 °C (Ober- und Unterhitze) vorheizen.

2 Die Karotten schälen und fein raspeln.

3 Das Mehl mit dem Garam Masala mischen.

4 Die Eier trennen. Die Butter mit den Eigelben schaumig rühren. Dann abwechselnd die Sahne, die Crème fraîche und die Karotten unterrühren.

5 Die Eiweiße steif schlagen. Den Eischnee und die Mehlmischung unter die Eigelbmasse rühren, alles mit 1 Prise Salz würzen.

6 4 Souffléförmchen mit Butter einfetten und mit Bröseln bestreuen. Die Karottenmasse einfüllen und im heißen Ofen etwa 15 Minuten goldbraun backen.

7 Die Soufflés aus dem Ofen nehmen und sofort servieren.

TIPP

Während des Backens sollten Sie die Backofentür nicht öffnen, denn sonst fällt das Soufflé zusammen und verliert seine luftige Konsistenz.

Soufflé mit Ziegenkäse
und Salat

ZUTATEN FÜR 4 PERSONEN

Für das Soufflé:

Butter (für die Förmchen)

4 Eier

80 g Butter

150 g Ziegenfrischkäse

2 EL Schnittlauchröllchen

2 EL Crème fraîche

2 EL Mehl

Salz

frisch gemahlener weißer Pfeffer

frisch geriebene Muskatnuss

Für den Salat:

2 Frühlingszwiebeln

1 Bund Rauke

2 EL Olivenöl

1 EL Balsamicoessig

Salz

frisch gemahlener weißer Pfeffer

ZUBEREITUNGSZEIT: 30 MINUTEN
BACKZEIT: 15 MINUTEN

1 4 Souffléförmchen mit Butter einfetten. Den Backofen auf 200 °C (Ober- und Unterhitze) vorheizen.

2 Die Eier trennen. Die Butter mit den Eigelben schaumig rühren. Dann abwechselnd Frischkäse, Schnittlauch und Crème fraîche unterrühren.

3 Die Eiweiße steif schlagen und mit dem Mehl unter die Eigelbmasse ziehen. Alles mit Salz, Pfeffer und Muskat würzen. Die Soufflémasse in die Förmchen füllen und im Ofen etwa 15 Minuten goldbraun backen.

4 Für den Salat die Frühlingszwiebeln putzen, waschen und in feine Ringe schneiden. Die Rauke verlesen, putzen, waschen und trocken schleudern. Das Öl mit dem Essig verrühren und mit Salz sowie Pfeffer abschmecken.

5 Die Soufflés aus dem Ofen nehmen, aus den Förmchen lösen und mit der Rauke, den Zwiebelringen und der Vinaigrette auf Tellern anrichten und sofort servieren.

Kartoffel-Speck-Soufflé

ZUTATEN FÜR 4 PERSONEN

500 g mehligkochende Kartoffeln · Salz

40 g Butter · Butter (für die Förmchen)

8 Scheiben Speck

Pflanzenöl (zum Braten)

1 Zwiebel

125 g Magerquark

2 Eier

4 Zweige Majoran

60 g Käse (z. B. reifer Bergkäse),
frisch gerieben

frisch gemahlener Pfeffer

frisch geriebene Muskatnuss

ZUBEREITUNGSZEIT: 30 MINUTEN
GAR- UND BACKZEIT: 55 MINUTEN

1 Die Kartoffeln waschen und in Salzwasser etwa 30 Minuten gar kochen. Die Kartoffeln abgießen, kurz ausdampfen lassen, schälen und durch eine Kartoffelpresse drücken. Die Masse gut ausdampfen und etwas abkühlen lassen, dann die Butter einrühren.

2 Den Backofen auf 180 °C (Ober- und Unterhitze) vorheizen. 4 Souffléförmchen mit Butter einfetten.

3 Die Hälfte der Speckscheiben beiseitelegen, den Rest klein würfeln. In einer Pfanne 1 Esslöffel Öl erhitzen und die Speckwürfel darin anbraten. Die Zwiebel schälen, fein würfeln und mit dem Speck glasig anschwitzen. Die Zwiebel-Speck-Mischung etwas abkühlen lassen.

4 Den Quark gut abtropfen lassen und in eine Schüssel geben. Die Eier trennen. Den Majoran waschen, trocken tupfen, die Blättchen von den Stängeln abzupfen und fein hacken. Diese dann mit dem Quark, zwei Drittel vom Käse, den Eigelben und der Zwiebel-Speck-Mischung unter die durchgedrückten Kartoffeln mengen.

5 Die Eiweiße steif schlagen und vorsichtig unter die Kartoffelmasse heben. Alles mit Salz, Pfeffer und Muskat abschmecken.

6 Die Soufflémasse in die Förmchen füllen und mit dem restlichen Käse bestreuen. Die Soufflés im Ofen (mittlere Schiene) etwa 25 Minuten goldbraun backen.

7 In der Zwischenzeit in einer Pfanne 1 Esslöffel Öl erhitzen und darin die übrigen Speckscheiben knusprig braten, herausnehmen, auf Küchenpapier abtropfen lassen und aufrollen.

8 Die Soufflés aus dem Ofen nehmen und mit den Speckscheiben garniert servieren.

Senf-Käse-Soufflé

1 4 Souffléförmchen mit Butter einfetten. Den Ofen auf 200 °C (Ober- und Unterhitze) vorheizen.

2 Die Eier trennen. Den Knoblauch schälen und pressen. Die Butter mit den Eigelben, dem Knoblauch, dem Senf und Muskat schaumig rühren. Dann abwechselnd Käse, Sahne und Crème fraîche unterrühren.

3 Die Eiweiße steif schlagen und mit dem Mehl unter die Eigelbmasse ziehen. Alles mit 1 Prise Salz würzen.

4 Die Soufflémasse in die Förmchen füllen und im Ofen etwa 15 Minuten goldbraun backen. Die Soufflés aus dem Ofen nehmen und mit Käsespänen garniert servieren.

ZUTATEN FÜR 4 PERSONEN

Butter (für die Förmchen)

4 Eier

1 Knoblauchzehe

80 g Butter

1 EL grobkörniger Senf

frisch geriebene Muskatnuss

150 g Hartkäse (z. B. Parmesan), frisch gerieben

4 EL Sahne (mindestens 30 % Fett)

2 EL Crème fraîche

2 EL Mehl

Salz

Hartkäse (z. B. Parmesan), frisch gehobelt (zum Garnieren)

ZUBEREITUNGSZEIT: 30 MINUTEN
BACKZEIT: 15 MINUTEN

Schokoladensoufflé
mit Birne

ZUTATEN FÜR 4 PERSONEN

Butter und Zucker
(für die Förmchen)

50 ml Milch

1 TL Kakaopulver

1 Stück Schale von einer
unbehandelten Orange

4 EL Zucker

100 g Zartbitterschokolade

3 Eier

Salz

1 EL Mehl

4 Birnen

ZUBEREITUNGSZEIT: 30 MINUTEN
BACKZEIT: 30 MINUTEN

1 Den Backofen auf 180 °C (Ober- und Unterhitze) vorheizen. 4 Förmchen mit Butter einfetten und gleichmäßig mit dem Zucker ausstreuen.

2 Die Milch mit dem Kakaopulver, der Orangenschale und 2 Esslöffeln Zucker in einem kleinen Topf aufkochen lassen. Währenddessen die Schokolade hacken.

3 Die Milch vom Herd nehmen und die Orangenschale wieder entfernen. Die Schokolade dazugeben, schmelzen lassen und verrühren.

4 Die Eier trennen. Die Eiweiße mit 1 Prise Salz steif schlagen, dabei den restlichen Zucker einrieseln lassen. Die Eigelbe und das Mehl mit einem Schneebesen in die flüssige Schokoladenmilch rühren. Den Eischnee unterziehen und die Schokoladenmasse in die vorbereiteten Förmchen füllen.

5 Die Birnen waschen und je 1 Birne in 1 Förmchen setzen.

6 Die Förmchen in eine große ofenfeste Form oder auf ein tiefes Blech setzen. In die Form oder das Blech 2 bis 3 cm hoch heißes Wasser angießen und die Soufflés im Ofen (untere Schiene) 25–30 Minuten backen.

7 Die Schokoladensoufflés herausnehmen und sofort servieren.

Quarksoufflé

1 Die Rosinen in Rum einweichen.

2 Den Backofen auf 180 °C (Ober- und Unterhitze) vorheizen.

3 Die Eier trennen. Die Eigelbe mit dem Zucker und der Butter hellgelb und cremig aufschlagen. Das Eiweiß mit 1 Prise Salz steif schlagen und kühl stellen.

4 Den Quark mit dem Zitronensaft, der Zitronenschale, den Rosinen, 1 Esslöffel Rum, dem Mehl und dem Vanillemark mischen. Die Quarkmasse vorsichtig unter die Eigelbmasse rühren.

5 Das Eiweiß nach und nach unter die Eigelb-Quark-Masse heben.

6 4 ofenfeste Förmchen mit Butter einfetten und mit Zucker ausstreuen. Die Soufflémasse darin verteilen. Die Soufflés im Ofen etwa 25–30 Minuten goldbraun backen.

7 Die Soufflés herausnehmen und mit Puderzucker bestaubt servieren.

ZUTATEN FÜR 4 PERSONEN

40 g Rosinen

3 EL Rum

4 Eier

100 g Zucker

40 g Butter

1 Prise Salz

400 g Magerquark

Saft und abgeriebene Schale von
1 unbehandelten Zitrone

3 EL Mehl

Mark von ½ Vanilleschote

Butter und Zucker (für die Förmchen)

Puderzucker (zum Bestauben)

ZUBEREITUNGSZEIT: 35 MINUTEN
BACKZEIT: 30 MINUTEN

Erdbeersoufflé

1 Die Milch mit dem Salz und 1 Esslöffel Zucker aufkochen. Den Grieß einrühren. Alles einmal aufkochen und etwa 10 Minuten quellen lassen. Die Orangenschale unterrühren. Den Brei in eine Schüssel geben und abkühlen lassen.

2 4 ofenfeste Förmchen mit Butter einfetten und mit den Bröseln ausstreuen.

3 Den Backofen auf 180 °C (Ober- und Unterhitze) vorheizen.

4 Eine Auflaufform oder ein tiefes Blech 2–3 cm hoch mit heißem Wasser füllen und in den Ofen stellen.

5 Die Eier trennen. Die Eigelbe mit den Mandeln unter die abgekühlte Grießmasse ziehen. Die Erdbeeren putzen, waschen, trocken tupfen, fein hacken und ebenfalls unter die Masse rühren. Die Eiweiße sehr steif schlagen und vorsichtig unterheben.

6 Die Soufflémasse in die Förmchen füllen, die Förmchen in die Auflaufform oder auf das Blech stellen und im Backofen 20–25 Minuten backen. Die Erdbeersoufflés herausnehmen und sofort mit Puderzucker bestaubt servieren.

ZUTATEN FÜR 4 PERSONEN

150 ml Milch

1 Prise Salz

3 EL Zucker

2–3 EL Grieß

abgeriebene Schale von
½ unbehandelten Orange

Butter und Semmelbrösel (für die Förmchen)

3 Eier

1 EL gemahlene Mandeln

1 Prise Salz

5 frische Erdbeeren

Puderzucker (zum Bestauben)

ZUBEREITUNGSZEIT: 30 MINUTEN
GARZEIT GRIESS: 10 MINUTEN
BACKZEIT: 30 MINUTEN

Süßes aus dem Ofen

Reisauflauf
mit Schattenmorellen und Baiser

1 Die Milch mit dem Zitronen- und Orangenabrieb sowie 1 Prise Salz zum Kochen bringen. Den Milchreis einstreuen und bei mittlerer Hitze unter gelegentlichem Rühren etwa 30 Minuten quellen lassen.

2 Die Schattenmorellen in ein Sieb abgießen und abtropfen lassen.

3 Die Butter mit dem Zucker in einem Topf schmelzen. Alles mit dem Zitronen- und Orangensaft ablöschen, aufkochen, dann den Rum dazugeben. Anschließend die Mischung unter den Reis rühren.

4 Die Eier trennen und die Eigelbe nach und nach unter die leicht abgekühlte Reismasse heben.

5 Den Backofen auf 200 °C (Ober- und Unterhitze) vorheizen.

6 Eine Auflaufform mit Butter einfetten. Die Hälfte der Reismasse in die Form füllen. Die Schattenmorellen darauf verteilen und mit dem übrigen Reis bedecken. Den Auflauf im Backofen etwa 25 Minuten backen.

7 Die Eiweiße mit dem Zucker steif schlagen. Den Eischnee in einen Spritzbeutel mit großer Sterntülle füllen und damit ein Gitter auf den Auflauf spritzen. Den Reisauflauf 8–10 Minuten goldbraun überbacken, aus dem Ofen nehmen und lauwarm servieren.

Kirschenmichel

1 Den Backofen auf 200 °C (Ober- und Unterhitze) vorheizen.

2 4 kleine ofenfeste Förmchen mit Butter einfetten.

3 Die Brötchen in schmale Scheiben schneiden. Die Kirschen waschen, trocken tupfen, entsteinen und mit den Brötchenscheiben auf die Förmchen verteilen.

4 Die Eier trennen. Die Eigelbe mit dem Zucker und dem Zimt schaumig schlagen. Die Milch und die Sahne unterrühren. Die Eiweiße steif schlagen und unterheben.

5 Die Masse auf die Kirschen in den Förmchen gießen, mit den Mandelblättchen bestreuen und alles im Ofen etwa 25 Minuten backen.

6 Die Kirschenmichel herausnehmen und sofort servieren.

ZUTATEN FÜR 4 PERSONEN

Butter (für die Förmchen)

2 Brötchen (vom Vortag)

400 g Kirschen

2 Eier

2 EL Zucker

1 Prise Zimt

125 ml Milch

60 ml Sahne (mindestens 30 % Fett)

2 EL Mandelblättchen

ZUBEREITUNGSZEIT: 30 MINUTEN
BACKZEIT: 25 MINUTEN

Apfel-Birnen-Streusel

1 Den Backofen auf 180 °C (Umluft) vorheizen. Vier kleine Backförmchen mit Butter einfetten.

2 Die Äpfel und die Birnen schälen, halbieren, das Kerngehäuse entfernen und das Fruchtfleisch in kleine Würfel schneiden. Die Fruchtwürfel mit dem Zucker und dem Zitronensaft vermengen und in die Förmchen füllen.

3 Die Haferflocken mit dem Rohrzucker, dem Mehl und dem Zimt mischen. Die Butter dazugeben, dann alles mit den Händen zu Streuseln verarbeiten. Die Streusel über dem Obst verteilen.

4 Die Apfel-Birnen-Streusel im Ofen etwa 20 Minuten goldbraun überbacken, aus dem Ofen nehmen, etwas abkühlen lassen und am besten noch warm servieren.

ZUTATEN FÜR 4 PERSONEN

Butter (für die Förmchen)

Für die Früchte:

2 Äpfel

2 Birnen

3 EL Zucker

Saft von ½ Zitrone

Für die Streusel:

50 g kernige Haferflocken

50 g Rohrzucker

1 EL Mehl

1 Prise Zimt

50 g zerlassene Butter

ZUBEREITUNGSZEIT: 30 MINUTEN
BACKZEIT: 20 MINUTEN

Früchtestreusel

mit Sahne

ZUTATEN FÜR 4 PERSONEN

3 reife Pfirsiche

500 g gemischte Beeren (z. B.
Heidelbeeren, Himbeeren,
Brombeeren, Johannisbeeren)

180 g Mehl

120 g Zucker

Mark von ¼ Vanilleschote

1 TL Zimt

130 g Butter

Rohrzucker

150 ml Sahne
(mindestens 30 % Fett;
zum Garnieren)

1 Päckchen Vanillezucker
(für die Sahne)

ZUBEREITUNGSZEIT: 30 MINUTEN
BACKZEIT: 25 MINUTEN

1 Die Pfirsiche waschen, halbieren, entsteinen und in schmale Spalten schneiden. Die Beeren verlesen, waschen und gut abtropfen lassen.

2 Den Backofen auf 180 °C (Umluft) vorheizen.

3 Für die Streusel das Mehl mit dem Zucker, dem Vanillemark und dem Zimt mischen. Die Butter in Flöckchen unterkneten. Den Teig zwischen den Handflächen zu Streusel reiben.

4 Die Pfirsiche und die Beeren mischen. Die Fruchtmischung auf 4 ofenfeste Tassen verteilen, mit Rohrzucker bestreuen und die Streusel darauf verteilen.

5 Die Früchtestreusel im vorgeheizten Ofen 20–25 Minuten backen. Die Sahne mit dem Vanillezucker leicht schlagen. Die Früchtestreusel aus dem Ofen nehmen, mit der Sahne garnieren und servieren.

Salzburger Nockerln

ZUTATEN FÜR 4 PERSONEN

5 Eiweiß

50 g Puderzucker

4 Eigelb

Mark von ½ Vanilleschote

20 g Mehl

10 g Speisestärke

Butter (für die Form)

2 EL Vanillezucker (für die Form)

Puderzucker (zum Bestauben)

ZUBEREITUNGSZEIT: 30 MINUTEN
BACKZEIT: 12 MINUTEN

1 Den Backofen auf 200 °C (Ober- und Unterhitze) vorheizen.

2 Die Eiweiße in einer großen Schüssel sehr steif schlagen, dabei nach und nach die Hälfte des Puderzuckers einrieseln lassen. Die Baisermasse schlagen, bis sie glänzt und schnittfest ist.

3 Die Eigelbe mit dem restlichen Puderzucker und dem Vanillemark verrühren, dabei 3 Esslöffel der Baisermasse unterrühren. Die restliche Masse dazugeben, Mehl und Speisestärke darüber sieben und alles vorsichtig mit einem Schneebesen unterheben.

4 Eine große ovale Auflaufform oder 4 kleine Auflaufförmchen mit Butter einfetten und mit Vanillezucker ausstreuen. Mit einem Teigschaber große Nocken aus der Masse abstechen und nebeneinander in die Auflaufform oder die Förmchen setzen.

5 Die Nockerln im Ofen 10–12 Minuten goldbraun backen, aus dem Ofen nehmen und vor dem Servieren mit Puderzucker bestauben.

TIPP

Traditionell wird zu den Salzburger Nockerln Himbeersauce serviert. Dafür einfach frische Himbeeren mit etwas Zitronensaft in einem Topf aufkochen, anschließend durch ein feines Sieb streichen und nach Belieben mit Puderzucker süßen. Sie können auch andere Beeren dafür verwenden.

Brombeerauflauf

ZUTATEN FÜR 4 PERSONEN

400 g Brombeeren

4 Eier

4 EL Puderzucker

6 EL Mehl

225 ml Milch

Butter (für die Förmchen)

Zucker (zum Bestreuen)

ZUBEREITUNGSZEIT: 20 MINUTEN
BACKZEIT: 25 MINUTEN

1 Den Backofen auf 220 °C (Umluft) vorheizen.

2 Die Brombeeren waschen und trocken tupfen. Die Eier mit dem Puderzucker schaumig schlagen und das Mehl mit der Milch unterrühren.

3 4 ofenfeste Förmchen mit Butter einfetten und die Brombeeren hineinlegen. Den Teig darübergeben, glatt streichen und den Auflauf im Ofen etwa 25 Minuten goldbraun backen.

4 Den Brombeerauflauf etwas abkühlen lassen und lauwarm mit Zucker bestreut servieren.

TIPP

Für dieses Rezept können Sie auch andere Beerensorten oder Früchte verwenden. Allerdings sollten die Beeren und Früchte etwas fester sein, sonst werden sie durch das Backen sehr weich und matschig. Gut eignen sich Erdbeeren, Stachelbeeren oder auch Fruchtkompott. Frische Früchte wie Pflaumen, Pfirsiche oder Aprikosen schmecken in diesem Auflauf genauso lecker, allerdings sollten Sie die Früchte klein schneiden und vorher etwas andünsten.

Zwetschgenauflauf

1 Den Backofen auf 180 °C (Ober- und Unterhitze) vorheizen.

2 Die Zwetschgen waschen, halbieren und entsteinen. Den Hefezopf in Scheiben schneiden.

3 Die Sahne mit den Eiern, der Milch, dem Zucker und dem Vanillezucker verrühren.

4 Eine Auflaufform mit etwas Butter einfetten. Die Zwetschgen und die Hefezopfscheiben abwechselnd in die Form schichten. Die Eiermilch darübergießen und die Mandeln darauf verteilen. Die Butter in Flöckchen schneiden und über dem Auflauf verteilen.

5 Den Zimtzucker über den Auflauf streuen und alles im Ofen 40–50 Minuten backen.

6 Die Sahne steif schlagen. Den Zwetschgenauflauf herausnehmen und lauwarm, nach Belieben mit Sahne, servieren.

ZUTATEN FÜR 4 PERSONEN

600 g Zwetschgen

200 g Hefezopf

150 ml Sahne (mindestens 30 % Fett)

3 Eier

250 ml Milch

75 g Zucker

1 Päckchen Vanillezucker

Butter (für die Form)

75 g Mandelblättchen

75 g Butter

2 EL Zimtzucker

150 ml Sahne (mindestens 30 % Fett; nach Belieben zum Servieren)

ZUBEREITUNGSZEIT: 35 MINUTEN
BACKZEIT: 50 MINUTEN

Süßes Brötchendessert
mit Erdbeeren

1 Den Backofen auf 180 °C (Ober- und Unterhitze) vorheizen.

2 Die Erdbeeren putzen, waschen und klein schneiden. Die Himbeeren verlesen. Beide Beerensorten mit 2 Esslöffeln Zucker mischen und 10 Minuten ziehen lassen.

3 Die Eier mit der Sahne, der Milch, dem restlichen Zucker, dem Zimt und der Stärke verrühren.

4 Die Brötchen in dünne Scheiben schneiden. 4 kleine ofenfeste Formen mit Butter einfetten. Die Brötchenscheiben mit den Früchten abwechselnd auf die Formen verteilen. Die Eiersahne darübergießen, alles 10 Minuten ziehen lassen und dann mit den Mandelstiften bestreuen.

5 Den Auflauf im Ofen etwa 25 Minuten backen. Bevor die Oberfläche zu stark bräunt, den Auflauf rechtzeitig mit gebuttertem Backpapier abdecken.

6 Das Brötchendessert herausnehmen und sofort servieren.

ZUTATEN FÜR 4 PERSONEN

300 g Erdbeeren

300 g Himbeeren

5 EL Zucker

3 Eier

250 ml Sahne (mindestens 30 % Fett)

150 ml Milch

1 Prise Zimt

1–1 ½ TL Speisestärke

3–4 Brötchen (vom Vortag)

Butter (für die Formen)

4 EL Mandelstifte

ZUBEREITUNGSZEIT: 35 MINUTEN
BACKZEIT: 25 MINUTEN

Grießauflauf

mit Mandeln und Rosinen

ZUTATEN FÜR 4 PERSONEN

50 g Rosinen

4 EL Rum

600 ml Milch

Salz

1 Stück Schale von einer
unbehandelten Zitrone

140 g Weichweizengrieß

3 Eier

40 g Butter

50 g Zucker

3 EL gemahlene Mandeln

Butter (für die Förmchen)

ZUBEREITUNGSZEIT: 30 MINUTEN
GARZEIT GRIESS: 10 MINUTEN
BACKZEIT: 30 MINUTEN

1 Den Backofen auf 180 °C (Ober- und Unterhitze) vorheizen.

2 Die Rosinen im Rum einweichen.

3 Die Milch mit 1 Prise Salz und der Zitronenschale in einem Topf aufkochen. Den Grieß einstreuen und unter Rühren etwa 10 Minuten quellen lassen. Den Topf vom Herd ziehen und die Grießmasse abkühlen lassen.

4 Die Eier trennen. Die Eigelbe mit der Butter und dem Zucker schaumig rühren. Die Rosinen abgießen und abtropfen lassen.

5 Die abgekühlte Grießmasse, die abgetropften Rosinen sowie die Mandeln unter die Eigelbmasse heben. Die Eiweiße steif schlagen und nach und nach unter die Masse heben.

6 4 Auflaufförmchen mit Butter einfetten. Die Grießmasse gleichmäßig in den Förmchen verteilen und im Ofen 25–30 Minuten backen.

7 Den Grießauflauf herausnehmen und sofort servieren.

Scheiterhaufen

ZUTATEN FÜR 4 PERSONEN

Butter (für die Förmchen)

150 g Weißbrot (vom Vortag)

300 ml Milch

2 Eier

4 EL Zucker

50 g Rosinen

½ TL gemahlene Bourbonvanille

Puderzucker (zum Bestauben)

ZUBEREITUNGSZEIT: 30 MINUTEN
BACKZEIT: 25 MINUTEN

1 Den Backofen auf 180 °C (Umluft) vorheizen. 4 kleine Backförmchen mit Butter einfetten.

2 Das Brot in Scheiben schneiden, in eine Schüssel geben, mit der Milch beträufeln und etwa 15 Minuten ziehen lassen.

3 Die Eier mit dem Zucker cremig schlagen. Die Rosinen und die Vanille unterrühren. Die Eimischung zum Brot geben und alles vorsichtig vermengen.

4 Die Brotmischung in die Förmchen schichten und im Ofen etwa 25 Minuten goldbraun backen.

5 Den Scheiterhaufen mit Puderzucker bestaubt servieren.

Gebackene Quitten
mit Walnussfüllung

1 Den Backofen auf 180 °C (Ober- und Unterhitze) vorheizen.

2 Die Rosinen im Rum einweichen.

3 Die Quitten waschen, längs halbieren und das Kerngehäuse entfernen. Von den Quitten an der Rundung ein Stück abschneiden, damit sie stabil stehen. Eine Auflaufform mit Butter einfetten und die Quitten hineinstellen.

4 Die weiche Butter mit dem Honig und 3 Esslöffeln Orangensaft verrühren. Die Schnittflächen der Quitten damit einpinseln. Den restlichen Orangensaft in die Form gießen und die Form mit Alufolie verschließen.

5 Die Quitten im Backofen etwa 35 Minuten dünsten, bis sie weich geworden sind. Die Schnittflächen zwischendurch mit dem Sud einpinseln. Bei Bedarf noch etwas Orangensaft nachgießen.

6 Die Walnusskerne hacken. Die Marzipanrohmasse in Würfel schneiden und mit dem Puderzucker und 2 Esslöffeln Sahne glatt rühren. Die restliche Sahne steif schlagen und mit dem Marzipan unter den Quark heben.

7 Die Rosinen abgießen und abtropfen lassen. Die Walnüsse und die Orangenschale unter die Quarkmasse rühren und die weichen Quitten damit füllen.

8 Den Backofengrill vorheizen und die Quitten kurz überbacken. Die Quitten in Dessertschalen setzen, die Orangensauce angießen und mit Puderzucker sowie etwas Zimt bestaubt servieren.

ZUTATEN FÜR 4 PERSONEN

50 g Rosinen · 2 cl Rum

2 große Quitten · Butter (für die Form)

20 g weiche Butter · 2 EL flüssiger Honig

etwa 200 ml Orangensaft

100 g Walnusskerne

100 g Marzipanrohmasse

30 g Puderzucker

120 ml Sahne (mindestens 30 % Fett)

180 g Magerquark

½ TL abgeriebene Schale von einer
unbehandelten Orange

2 EL Puderzucker (zum Bestauben)

½ TL Zimt (zum Bestauben)

ZUBEREITUNGSZEIT: 25 MINUTEN
BACKZEIT: 40 MINUTEN

Rhabarberauflauf

1 Den Backofen auf 190 °C (Ober- und Unterhitze) vorheizen.

2 Den Rhabarber putzen, waschen, schälen und in 1,5 cm breite Stücke schneiden.

3 Die Butter schaumig rühren, dann nach und nach den Zucker, den Vanillezucker, die Zitronenschale und die Eier unterrühren.

4 Das Mehl mit dem Backpulver mischen und mit der Milch nach und nach unter die Buttermischung heben, sodass ein glatter, dickflüssiger Teig entsteht. Bei Bedarf noch etwas Milch dazugeben.

5 Eine Auflaufform mit Butter einfetten. Die Rhabarberstücke in der Form verteilen und den Teig darauf verstreichen. Den Rhabarberauflauf im Ofen etwa 30 Minuten goldbraun backen.

6 Die Sahne steif schlagen. Den Rhabarberauflauf aus dem Ofen nehmen und nach Belieben mit der geschlagenen Sahne servieren.

ZUTATEN FÜR 4 PERSONEN

750 g frischer Rhabarber

125 g Butter

100 g Zucker

1 Päckchen Vanillezucker

½ TL abgeriebene Schale von einer unbehandelten Zitrone

3 Eier

200 g Mehl

1 TL Backpulver

etwa 4 EL Milch

Butter (für die Form)

150 ml Sahne (mindestens 30 % Fett; nach Belieben zum Servieren)

ZUBEREITUNGSZEIT: 30 MINUTEN
BACKZEIT: 30 MINUTEN

Register

Bildnachweis

Die Fotografien wurden von der StockFood GmbH zur Verfügung gestellt mit Genehmigung von:

ACP Magazines Ltd. 7, 37 – Arras, K 8/9, – BBS 45 – Bischof, Harry 65, 72, 89, 90/91, 93, 178 – Bouchet, Guy 74, – Brachat, Oliver 156 – Carlott, Casper 109 – Chassenet, Jean-Paul 27 o. l. – CIROWO 18, 81 – Cooke, Colin 51 – Cultura 21 – Eckerle, Tom 109 o. r. – Eising Studio - Food Photo & Video 5, 11, 12, 13, 17, 19, 30, 39, 73, 77, 85, 96, 99, 101, 110, 115, 117, 119 u., 122, 126, 133, 124, 161, 172 – Fenot, Eric 135 – Finley, Marc O. 79 – Foodcollection GmbH 158/159, 177 – Gallo images 153 – Garlick, Ian 49, 114 – Gregson, Jonathan 22 – Gründemann, Eva 27 o. r. – Hart, Michael 55 – Heinze, Winfried 35 o. r., 47, 59, 139 – Hessmann, Karin 78 – Holsten, Ulrike 67 – Jarry, Marie José 83 – Kaktusfactory, Ninprapha Lippert 169 u. – Keller & Keller Photography 100, 123 – King, Dave 157 – Kohl, Ulrike/FC 167 – Krieg, Roland 75 u. – La Food, Thomas Dhellemmes 44 – Lehmann, Joerg 118 – Leoni, Ira 111 u. – Leser, Nicolas 147 – Lister, Louise 48 – Magdaleny & Krzysztof Duklas 152 – Marjanovic, Davorin 121 – Matassa, Mario 151– Mclean, Lauren 165 – Meuth, Martina 119 o. – Newedel, Karl 63, 71, 82, 87, 95, 145, 175, Cover – Nilsson, P. 97 – Paul, Michael 27 u. – Persson, Per Magnus 34 – Picture Box 26 – Picture Box / Luna 88 – Radvander, Bernard 163– Rees, Peter 56/57 – Richardson, Alan 141– Rua Castilho 23, 41, 43, 105, 136/137, 170, 173 – Rynio 61, 128– Scarboro, Simon 35 o. l., 35 u. – Scarlini, Giorgio 125 – Schardt, Wolfgang 31, 162 – Schwarzwald, Oliver 63, 131 – Scrivani, Andrew 149 o. l., 149 o. r. – Shaffer Smith photography 25 – Shooter, Howard 111 o. l. – Smend, Maja 155 – Stiepel, Kai 106 – Strauss, F. 148, 169 o. – Streeter, Clive 29 – Studio Adna 143 – Studio Schiermann 107 – Teubner Foodfoto 103 – Urban, Martina 62, 129 – Van Berge, Alexander 15 – Westermann, Jan-Peter 33 – Wieder, Frank 54, 113 – Williams, Paul 149 u. – Zouev, Tanya 53, 142

In gleicher Reihe erschienen ...

ISBN 978-3-86244-041-2

ISBN 978-3-86244-042-9

ISBN 978-3-86244-074-0

ISBN 978-3-86244-073-3

ISBN 978-3-86244-138-9

ISBN 978-3-86244-137-2

ISBN 978-3-86244-123-5

ISBN 978-3-86244-124-2

CHRISTIAN

www.christian-verlag.de

Kochen mit den Jahreszeiten

Land IDEE | September & Oktober 2012 | Nr. 1 | 3,95 € | A 4,30 € | CH 7,30 sfr | LUX 4,45 €

NEU

Land FRISCH
KOCHEN MIT DEN JAHRESZEITEN

75 Rezepte
Liebevoll zubereitet

Wild kochen
Praktische Tipps einer Jägerin

Wieder entdeckt
Voller Geschmack mit alten Apfelsorten

Alle 3 Monate frisch am Kiosk

Saisongemüse: Kürbis

Suppenglück
mit Rüben, Getreide, Kürbis & Pilzen

Die besten Rezepte kommen vom Land.